郑州大学教学改革研究与实践项目
项目编号：2020zzuJXLX078
项目名称：高水平中外合作办学机构理论与实践探索
项目类别：重大项目
项目主持人：陈思坤

郑州大学国际学院　编

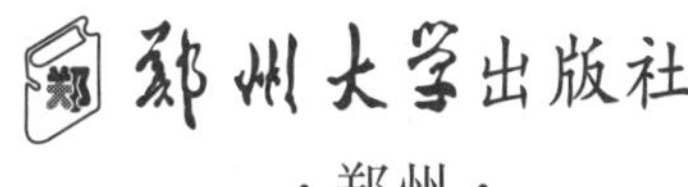

·郑州·

图书在版编目(CIP)数据

果园书香：最美读书声／郑州大学国际学院编．—郑州：郑州大学出版社，2021.1
ISBN 978-7-5645-6769-9

Ⅰ.①果…　Ⅱ.①郑…　Ⅲ.①读书活动-郑州-文集
Ⅳ.①G252.17-53

中国版本图书馆 CIP 数据核字(2019)第 194086 号

果园书香 最美读书声

GUOYUAN SHUXIANG ZUI MEI DUSHUSHENG

策划编辑	王卫疆　胥丽光	封面设计	苏永生
责任编辑	康静芳	版式设计	苏永生
责任校对	樊建伟	责任监制	凌　青　李瑞卿

出版发行	郑州大学出版社有限公司	地　　址	郑州市大学路 40 号(450052)
出 版 人	孙保营	网　　址	http://www.zzup.cn
经　　销	全国新华书店	发行电话	0371-66966070
印　　刷	河南文华印务有限公司		
开　　本	710 mm×1 010 mm　1 / 16		
印　　张	11.5	字　　数	146 千字
版　　次	2021 年 1 月第 1 版	印　　次	2021 年 1 月第 1 次印刷

书　　号	ISBN 978-7-5645-6769-9	定　　价	46.00 元

编审委员会

为进一步加强学院文化建设，积极营造崇尚学习、健康向上的读书氛围和校园风貌，提升广大师生的文化素养和精神境界，培养良好的读书习惯，郑州大学国际学院决定在全院范围内开展读书系列活动，活动于2017年11月3日正式启动。

本活动以读书为主题，开展丰富多彩的读书分享会、学术交流会、论坛讲座、漂流书活动等，搭建"果园书香"微信公众号学习交流平台，并设《名作赏析》《影视赏评》《社会热点讨论》《果园书话》《主题征文比赛》《文化沙龙》《诗文诵读》等栏目，旨在以多样化的文学交流方式，达到陶冶精神情操、传播正能量、开拓新思维的目的。

"腹有诗书气自华，最是书香能致远。"活动启动以来，邀请各学科喜欢读书的专家学者开讲，师生参与者近千人，受到广泛赞誉。为激励参与活动的广大师生，给国际学院文学爱好者提供一块笔耕地，特将上述活动的有关资料编写成册，供本院师生传阅，并与喜欢读书的广大朋友分享。《果园书香：最美读书声》共收录50余篇学生的读书笔记、阅读感言、心得体会和文学笔谈等，这些文章从不同的层面反映了当代大学生的读书生活和创作体会，现将其编辑成册，以飨读者。

序言

书籍点亮人生，书香洋溢校园。书籍是人类精神财富的载体，人类的点滴进步和成果都在书籍里记录、传承并发扬光大。人类的阅读史几乎就是人类文明的发展史，如果说一个民族的阅读文化，决定着民族的国民素质和精神境界的话，那么一个人的读书史，则影响和决定着个人的发展与未来。学习是立身做人的永恒主题，也是报国为民的重要基础。在知识经济时代，现代化建设比以往更倚重于知识的力量，更依靠于全民文化素质的提高。

青年人有理想、有担当，人类就有希望，推进人类和平与发展的崇高事业就有源源不断的强大力量。习近平总书记 2013 年 5 月 4 日在同各界优秀青年代表座谈时的讲话中指出："青年人正处于学习的黄金时期，应该把学习作为首要任务，作为一种责任、一种精神追求、一种生活方式，树立梦想从学习开始、事业靠本领成就的观念，让勤奋学习成为青春远航的动力，让增长本领成为青春搏击的能量。"并希望青年用欣赏、互鉴、共享的观点看待世界，推动不同文明交流互鉴、和谐共生，积极为构建人类命运共同体添砖献瓦。现在高校新生大多是"00 后"，他们朝气蓬勃，好学上进，视野宽广，开放自信，是可爱、可信、可为的一代。党和人民对当代大学生充分信任，寄予厚望。

梦想从学习开始，事业从实践起步。书籍是人类知识的载体，是人类智慧的结晶。高尔基说，"书籍是人类进步的阶梯。""每一本书是一级小阶梯，我每爬上一级，就……更接近美好生活的观念，更热爱这本书。”“读书，这个我们习以为常的平凡过程，实际上是人的心灵和上下古今一切民族的伟大智慧相结合的过程。”好书，像长者，谆谆教导；似导师，循循善诱；如朋友，心心相印。正因为人的阅读能力是学习能力的重要体现，而阅读是一项全面的智力活动，需要我们的注意力、观察力、记忆力、想象力、思维能力的全部参与，是一种内在的陶冶教育。阅读经典有助于净化心灵、陶冶情操，开阔眼界、品味人生，启迪智慧、升华涵养。诚如歌德所说：“读一本好书，就是和许多高尚的人谈话。”以古为镜，可以知兴替；以人为镜，可以明得失；以书为镜，可以求真理。

我国著名教育家、美学家朱光潜曾说：如果一个人没有养成读书的习惯，没有一种在闲暇时可以寄托的精神财富，那么将来从学校毕业后，很容易就会被浅薄和陋习所感染。知识信息快速更新，学习稍有懈怠，就会落伍，尤其是在以手机阅读和“快餐文化”充斥我们生活的今天，人们很容易形成偏于浮躁的心态，读书也流于肤浅和功利，往往局限在“视觉”时代，忽视了对传统经典纸质书籍的深度阅读和系统阅读，导致人文知识的积累匮乏，思维的想象力、创造力和深邃力缺失。早在1818年，黑格尔就曾说过，世界精神太忙碌于现实，太驰骛于外界，而不转回自己的内心，徜徉于自己原有的家园中。尽管已经过去百年，但这位曾任柏林大学校长的哲学家对象牙塔下求知者的告诫依然值得我们面对急速变化时代的深思。功崇惟志，业广惟勤。每个人的世界都是一个圆，学习是半径，半径越大，拥有的世界就越广阔。只有用知识来充实心灵的空间，用智慧点燃青春的梦想，才能靠勤奋成就出彩的人生，因为心灵的丰富是一切美德之源，没有精神家园的心灵，不可能去思考自己生命的意义和价值，也就不可能对他人和社会承担起真正的责任。

为倡导广大学生“多读书、爱读书、读好书”，使美丽的校园弥漫阵阵书香，营造浓郁的读书氛围、阅读习惯和阅读文化，我院搭建“果园书香”微信公众号学习交流平台，通过开展中外名著读书分享会、学术交流会和名人名家报告会等丰富多彩的活动，旨在共建书香校园，同享读书之乐。这一平台已成为传承中华文化、世界文明互鉴共享的重要平台。《果园书香：最美读书声》就是这一校园文化特色品牌成果的结集。我们选取了 2017 年以来国际学院数名学子的读书所感、所悟、所思、所获，现与读者交流分享，旨在激励筑梦追梦的青少年与经典为伍、与知识为伴、与博雅同行、与真理同向，让潜心阅读成为一种学习方式、一种生活品质、一种行为习惯，从而打好人生底色，塑造美好心灵。

读书滋养“底气”，思考带来“灵气”。古人云：布衣暖，菜根香，读书滋味长。读书不仅要有明确的目标，有不移的恒心，还要提高读书效率和质量，讲求读书方法和技巧。把读书作为一种乐趣，乐，就在心中；把读书作为一种雅趣，雅，就在言中；把读书作为一种志趣，志，就在胸中。我们期望这本带着学生稚气和青涩气息的读书心得，能够激起读者对生活的热情、对生命的思考、对人性的感悟和对未来的畅想，引起内心深处最强烈的共鸣和对美好生活的期盼，在爱读书、勤读书、读好书、善读书的生活习惯中愉悦身心、提升修养，博古通今、融汇中西，下得苦功夫，求得真学问。让书香浸透心房，收获成功的喜悦与精神的升华，遇见更好的自己。若能如此，则甚欣慰矣！

郑州大学国际学院院长、教授、博士

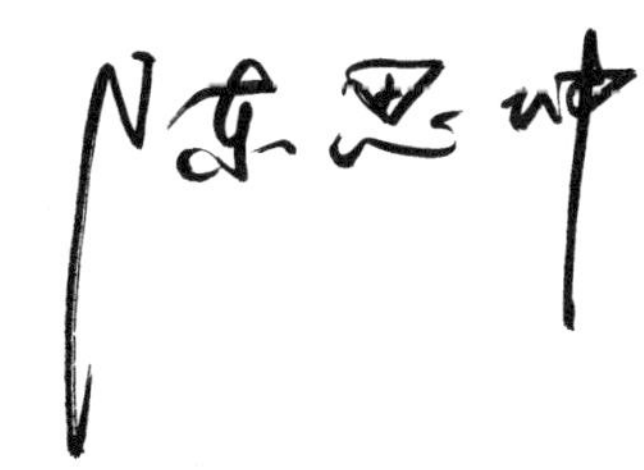

翰墨飘书香　篇籍颂传承

——郑州大学国际学院读书系列活动启动暨郑州大学读书会国际学院分会成立

（代前言）

赵艳娟

2017 年 11 月 3 日，郑州大学国际学院读书系列活动正式启动，郑州大学读书会国际学院分会宣布成立。郑州大学图书馆党委书记张海涛，国际学院党委书记安立民、时任院长石茂生，郑州大学团委副书记王红晓，郑州大学图书馆副馆长马越，国际学院党委副书记白付理，郑州大学图书馆读者活动推广办公室主任曹炳霞出席盛会。仪式由国际学院副院长魏胜强主持。

“黑发不知勤学早，白首方悔读书迟。”“书痴者文必工，艺痴者技必良。”为进一步加强国际学院文化建设，营造健康向上、崇尚学习、学以致用的读书氛围，提升国际学院广大师生的理论水平、文化素养、精神境界，养成良好的文化生活习惯，郑州大学国际学院决定开展读书系列活动。本活动联手郑州大学读书会国际学院分会，秉承“以书会友、传承文明、以德育人”的宗旨，积极营造良好的学习风气，助推国际学院高端国际化人才的培养。这一系列活动主题模块包括学术交流会、论坛讲座等文学性活动。活动包括名作赏析、影视赏评、社会热点讨论、果园书话、主题征文比赛、文化沙龙、诗文诵读等形式，旨在以多样化的文学交流方式，达到陶冶师生情操、传送正能量、开拓新思维之目的。

启动仪式上，与会领导给予此项活动高度的评价并寄予厚望。校团委副书记王红晓对读书系列活动及读书会的成立表示祝贺，希望能在国际学院师生中掀起阅读高潮；图书馆党委书记张海涛以自己坚持多年、每年读 72 本书的经历告诉大家，一定要养成读书的好习惯，让读书成为生活的一部分；石茂生殷切希望大家要利用好校园及图书馆良好的学习环境，读好书，好读书，让琅琅读书声响彻校园的每个角落。

仪式结束后，曾做客中央电视台《百家讲坛》栏目的郑州大学文学院教授王士祥，为大家做了题为《诗词的魅力》的学术报告。王士祥教授以其渊博的知识和风趣率真的授课风格将大家带入一个全新的境界。王教授引古论今，深入浅出，侃侃而谈，他从诗词之美谈到生活之美，从古代历史谈到当今社会，从艺术与生活谈到书本与现实，让与会的同学完全陶醉在诗词氛围之中，享受了一顿文化饕餮盛宴。

翰墨飘书香，篇籍颂传承。国际学院图书馆将以读书系列活动为契机，秉承“读者至上，服务第一”的理念，为全院师生提供丰盛的文化大餐。相信窗明几净、吧台桌椅、共享书架、漂流书屋、文化长廊等优雅舒适的学习环境，中外经典、外文原版等优秀的资源配置，加上丰富多彩的读者推广活动，一定能吸引更多师生走进知识的殿堂，极大地发挥图书馆的阅读服务功能。

目录

【果园书话】

【果园心语】

【诗香果园】

【且撷芳华】

【寻味家乡】

【绿水青山】

【硕果嘉实】

【书韵流觞】

【附录】

果园书话

一个人可以被毁灭，但不可以被打败

——刘玉怀老师讲《老人与海》

2017 级法学专业　韦煜锦　2017 级书法学专业　何悦菡

我们有幸邀请到了刘玉怀老师来参加我们的“果园书话”活动。刘玉怀老师用轻松幽默的语言介绍了美国著名作家海明威的作品《老人与海》。这本书对世界上的广大读者拥有着独特的吸引力。书中的老人丝毫没有垂暮之年的丧气形象，反而是一位“硬汉”，游走于汹涌海浪之间。84 天的失败并没有磨灭老人挑战生活的决心，反而使他坚定地反抗生活所给予他的限制。一次次失败，老人没有放弃，而是再一次走向海浪。在他终于钓到一条鱼的时候，鱼却把他拖到海上去，意想不到地给老人造成了又一个挑战。老人在困境中遍体鳞伤。其实，只要老人割断钓绳，就能立刻使自己摆脱困境——但这也就意味着自己是一个实实在在的失败者。但老人并没有这么做。他与鲨鱼战斗，直至最后一刻——老人尽管一无所有，却从未放弃。

刘玉怀老师以自己的亲身经历为切入点，很快将听众的思绪与《老人与海》这本书结合在一起。

正如《坐待天明》中所写的一样：“生活，不论是何种生活，其实是叫作人的这一物种被迫承受的宿命，一种生命的规定性。虽说终点如意，但却常常九曲回肠，叫那旅途中的行者，欣然而黯然，

渴望却绝望。”但在这渴望与绝望之间，无论顺逆，当然要砥砺前行。“活在世上，不做生活怎么行呢？”坎坷之间，桑地亚哥选择了战斗，风大浪急不改他的信念。

在正式介绍刘玉怀老师的流程结束后，主持人分别从背景、人物评价、中心思想以及对青少年的启示几个方面向刘老师提问。刘老师说他就像那个老人，就算84天一无所获，但是第85天他依旧会出海打鱼。我们也应该在遇到困难且身处困境多次失败的时候依旧不放弃，继续努力。老师说每次遇到大的失败挫折时，只给自己30分钟的时间难过，迷茫后就赶快开始下一个工作。因为很忙，没工夫将时间浪费到迷茫上面。许多同学在生活中总会因为所遇到的各种各样的困难而焦虑、迷茫，可迷茫非但解决不了问题，更是一种时间上的浪费。刘老师针对这个问题给学生们提了一个小小的建议：让自己忙起来吧，你会发现少了很多烦心事。

刘玉怀老师结合自身体会，又为我们介绍了几本好书：高尔基的三部曲，有着对死亡超乎寻常的描写的《活着》，体现了对子女亲切关怀的《傅雷家书》，还有获得雨果奖的《三体》。若是闲来无事翻看几页，定会带来意想不到的收获。书永远是人类最亲切的伙伴，直击我们的心灵。

有人说老人桑地亚哥是一个失败了的英雄。尽管他是条硬汉，但还是失败了。但其实，他早就赢了。王小波*说：“什么叫失败？也许可以说，人去做一件事情，没有达到预期的目的，这就是失败。老人到海上去，不能期望天天有鱼来咬他的钩，于是他常常失败。一个常常在进行着接近自己限度的斗争的人总是会常常失败的，一个想探索自然奥秘的人也常常会失败，一个想改革社会的

---

* 王小波：著名小说家、思想家，匹兹堡大学文学硕士，曾在中国人民大学、北京大学任教，阅历丰富。

人更是会常常失败。”那谁是“不败者”呢？那些从不挑战的人恐怕就是世间最大的“不败者”。他们所谓的对手早已被降伏，他们自始至终就没有发起过挑战，也正因如此，他们不会失败。害怕失败而放弃挑战，甘于沉浸在一成不变的生活中，毫无疑问是以平凡为借口的堕落。

一个人的精神倒塌了，这个人才算是真正地被打败。

会生活的人一定是会读书的

——张海涛老师分享“书与生活”

2017级书法学专业 何悦菡　2017级经济学专业　李雨航

我们有幸邀请到张海涛老师参加第二期“果园书话”。

张海涛老师幽默地说自己是一个工科男，他从一个工科男的角度来跟大家做了读书分享。他说：“不想让自己堕落，一定要读书，不仅要在上学的时候读书，更要养成终身阅读的习惯。”他还说：“不仅要读书，也要重视业余爱好培养，不要读死书，死读书。”

关于书

张海涛老师强调，阅读重要，选书更重要。阅读要有选择性，禅学里有一句话——“我眼本明，因师故瞎”，就是这个道理，千万不要因为选书不对而造成“我眼本明，因书故瞎”的状况！要读有用的书，要读适合自己的书。他说阅读对他最大的影响是：①耐得住寂寞，静下心来思考一些问题；②丰富自己的精神世界；③拒绝价值观和道德绑架；④能够辩证客观地看问题；⑤习惯性尊重别人；⑥工作是工作，生活是生活，过得简单一点儿。

书与生活

我们每个人都是一个独立的个体，因此需要多方面的滋养，读书亦如此。张海涛老师是一个特别喜欢旅行的人，他说：“大学时代的旅行是一生中最美好的体验。要么旅行,要么读书,身体和灵魂必须有一个在路上。”谈到旅行与书的关系,他表示文化与旅行具有很强的天然融合性,只有阅读后的旅行才是厚重和有趣的。他说要想让旅行变得更有意义,必须做到:①旅游前要做充分的准备(作业);②回来要写自己的心得体会;③要把旅游的照片整理成集。旅游并不全是看风景,还有看风景之前的憧憬,看风景时的感悟,看过风景后的回味。相信听过张老师的分享,大家对旅游这件事一定会有别样的收获和体会。

张海涛老师说,读经济方面的书,了解金融知识,为将来实现财务自由打下坚实基础。简单地说,你的资产产生的被动收入要超过或等于你的日常开支。虽然你们现在作为学生没有经济基础,但工作之后,大家要把财务自由作为投资理财的一个终极目标,让你所爱的人和爱你的人过上舒适而又有尊严的生活!张老师还以李嘉诚“30岁以前好好学习、努力工作,30岁之后理财”的观点为例,做了详细点评,使同学们受益匪浅。

关于小说,张老师特别推荐了王小波的书。王小波是第一个用电脑写小说的作家!王小波作品的主要特点表现在思想性、启迪性和有趣性方面,阅读王小波的作品已成为当代中国人寻求自由、智慧、有趣的一种隐秘象征!

结语

陈平原先生说:“如果过了若干年,你半夜醒来发现自己已经好长时间没读书了,而且没有任何负罪感的时候,你就必须知道,你已经堕落了。”书的重要性不言而喻。真心希望大家能够通过阅读,扩大知识面,丰富精神世界,真正做一个会独立思考的人,有独立见解的人和有趣的人!

向世界上最会过日子的人们取经

——刘晓娜老师分享“断舍离”的艺术

2017 级书法学专业　康钰晶　李华珍

分享环节

刘晓娜老师从怦然心动的生活整理术开始，着眼于生活细微之处。以“双 11”为例，紧扣大学生生活，拉近与我们的距离，刘老师谈到，你们“双 11”购买的东西到现在没有用完的请举手，到现在没有开始用的请举手，瞬间戳中我们的内心。的确，每逢“双 11”的时候，我们总是贪图便宜买了许多并不需要的东西，占用空间，浪费金钱，最后却因为并不需要而选择扔掉……

接下来，刘晓娜老师开始主要讲解《断舍离》这本书。

刘晓娜老师说：“我看过《断舍离》（也叫《日本主妇经》）这本书，所以想跟大家分享。日本主妇，我是很佩服的。我认为她们是全世界最会把日子当日子过的人。推荐大家看这本书的理由是，这本书里面有一些关于生活整理的小策略，可以帮助你提高生活效率。希望大家通过学习这本书，让自己的生活更有规划，更有效率。”何为“断舍离”呢？她阐释说：“断，断绝想买回家但实际上并不需要的东西；舍，舍弃家里那些泛滥的破烂；离，脱离对物品的执念，处在游刃有余的自在空间！”她的讲解通俗易懂，深入人心，如今,“断舍离”已成为一种现代的生活理念。

身边的杂物越堆越多,怎么都丢不掉,因为“舍不得”“好可惜”;不断地买新东西,怎么都停不了手,因为“万一没有……”“总有一天会用到”;想把屋子收拾干净却迟迟不肯行动,因为收拾干净“很麻烦”“费时间”……

通过学习和实践“断舍离”,人们将重新审视自己与物品的关系,从关注物品转换为关注自我——我需不需要。我们要思考几个问题,买来的这些东西有多少标签还没有被撕掉,存了多少G的资料从来没打开过,有多少订阅的公众号还没有阅读过,紧急情况下有几个可以倾诉的朋友,诸如此类。”

那我们要如何“断舍离”呢?

从调整心态开始。以自己而不是物品为主角,去思考什么东西适合现在的自己,在能力范围内买最好的,为了省三五块钱,去淘宝一个小时,实在是不值得!清楚自己的真正需要,不需要的坚决断,不买;不需要的坚决离,扔掉。“断”与“舍”非常简单,只要是不符合这两个标准的东西,就立即淘汰或送人。

大概方法上来讲,不能按场所整理,要按物品类别整理,从最容易的衣服、鞋子类开始,一次把一类的东西全部拿出来,只留下让你怦然心动的,其他的通通丢掉,一口气在短时间内彻底处理完。触碰的瞬间是否怦然心动?一定要学会去区分,是遇上对的,还是反之?

…………

除此之外,刘晓娜老师还讲了不少同学关注的问题:

“很多人都认为大学正是谈恋爱的时候,贾宝玉和林黛玉十几岁都已经开始谈情说爱了,更不必说我们已经成年了呢!但是我们怎么去定义我们的恋爱呢?就婚姻情感而言,我并不认为现在

这些不能说，我可能比较放得开，我一直觉得婚姻情感这一块，应该是我们大学的必修课。试问大学生该怎么谈恋爱，婚姻又是什么样的，我想很少有学生对这些问题有一个明确的认识。其实，作为大学生，也可以涉猎有关心理、婚姻、家庭之类的书。我认为大学期间谈恋爱也是可以的。从我的观点来看，如果大学期间谈谈恋爱，那么对一个人感情的历练也是有帮助的。读书是一件重要的事，恋爱、结婚也是同等重要的事。”

互动环节

学生：佛系少女与精致的猪猪女孩该如何正确相处？

刘老师：每个人都有自己擅长的点，你可以为融入别人去了解化妆品、衣服等，但你一定要明白，你通过这个融入她们时，这些东西真的是你需要的吗？如果你觉得你的搭配跟不上潮流，你可以去学习，而不是跟她们盲目地一起买买买。其实归根到底，我们还是要有自信。从别人身上寻找认同是没有必要的，因为这样没人会在乎你是谁。其实，你融入不融入实际上是你自己的感受，正常考虑这些事情就好了。

特别想拥有一些东西的时候，自己也考虑过为什么会特别喜欢。那么多喜欢的书不舍得扔，你买书通常是因为内心的情感。其实，我会觉得我在某些地方跟你很像。不爱打扮不是因为不会打扮，而是我很不自信。但我懂得用读书去充实自己。因为“腹有诗书气自华”，书给我带来价值观存在感、安全感。毕竟，好看的皮囊千篇一律，有趣的灵魂万里挑一。

学生：想买看过的书（尤其是典藏版），但买后又可能不会再看。

刘老师：下定决心去考研，将自己喜欢的手机游戏都删除，一到晚上平时玩游戏时间,现在不玩游戏了感觉生活好像缺了一部分,整个人都很空虚。看小说、看电视剧都提不起兴趣,寝室人聊天也不想参与,觉得生活似乎没有方向了。但是我又一直在心里暗示自己要考研。要付出,要努力。静下心来,最后我还是找回了一些平衡感。白天去图书馆学习,中午也没有给自己休息的时间,度过那段艰难的时间后,突然觉得还挺不错的。第二天又起个大早出去学习,一整天都坐在图书馆,但又没有完全学进去,只是背些单词,其他时间都没有有效利用。因为图书馆里有书可看,所以每天坚持看书。现在回想起来,感觉那段时间真的特别充实。现在,我已经平安度过了没有手机游戏的生活,希望自己能坚持这种学习热度。也希望大家要懂得放弃。什么都扔掉是不现实的,可以先放一些在那儿,然后慢慢改变。

学生:我们寝室会经常立 flag,如何才能让我放弃手机游戏?

刘老师:这个问题再简单不过了,因为这个事是你的事儿,别人没有办法给你建议。你要学会每天控制自己。玩游戏的初衷是享受快乐和朋友在一起分享乐趣,并不是游戏本身。每天从约束自己玩游戏的时间开始,每天晚上没有玩游戏时,可以适当奖励自己。

…………

互动环节气氛热烈,很多同学向刘老师提问,刘老师都一一做了解答,使得同学们在精神上有了很大的收获,有同学还就《断舍离》这本书,谈了谈自己的感受,与大家分享。

魏忠贤与明帝国的末路

——张旭老师讲《庸人治国》

2017 级金融专业　王禹骁　王叶蓁

今天，我们有幸邀请到张旭老师为我们分享《庸人治国》这本书。这本书讲述了魏忠贤如何一步步登上高位，如何通过专权将明王朝推下了历史悬崖等一系列问题。接下来，张旭老师从若干不同的角度来分享他对魏忠贤这个人物的见解和看法。

在分享这本书之前，张老师首先讲述了书中需要关注的几项内容。他认为针对魏忠贤这个历史人物，需要对其进行辩证的分析，既要在特定的历史环境和发展中具体地分析某个历史事件和魏忠贤这个历史人物，又不能脱离一定的历史条件。我们在承认历史具有客观规律和必然性的同时，还需看到人的活动与客观环境之间的相互作用。

历史和历史人物是联系在一起的。从一定意义上来说，历史人物是历史舞台上的重要角色，也是历史的缩影，而历史是历史人物活动的舞台和条件。因此，不能简单地把历史环境和历史人物割裂开来进行解读。评价历史的尺度和评价历史人物，都要同历史发展的基本规律相联系，都要坚持历史的辩证分析方法。我们评价历史和历史人物，都应本着严肃认真对历史对未来负责任的态度，不能单纯以主观好恶为标准，那种对历史人物肆意抬高、神化或歪曲贬低、“恶搞”的行径都是不可取的。另外，不同的人对这部书的见解肯定是不同的，但不一定都是客观和公正的。因此，我们要学会和而不同。凡事坚持自己的观点，但也不要过于固执，不能认为事情都是“非此即彼”“非黑则白”，要知道很多事情都是在两个极端之间游离。不“以人废言”，不“对人不对事”，最好“就事论事”。

接下来，张老师主要从三个方面来解读魏忠贤这个历史人物及其所处的历史环境。

人物性格

赌徒心理。魏忠贤当太监具有很大的生命风险和政治风险。首先看生命风险：宦官的第一关，那是赌生死。太监阉割是需要交费的，之所以需要交费，是因为阉割风险太大，需要由专业人员来完成。魏忠贤本来就穷，交不起费，在毫无医疗条件和医护人员保障的条件下，就敢自己给自己阉割了，有幸捡了一条命。再看政治风险：明朝太监是必须要识字的，因为在明朝时期政治有三大体系：太监的内廷、内阁的文臣以及皇上的皇权。但魏忠贤出身于社会底层，没有读过书，按正常条件下，他如果选择做太监，这辈子只能做清扫杂除等一些简单的苦役，没有任何翻身的机会。然而，魏忠贤还是义无反顾地这么做了。

工作敬业。魏忠贤进宫多年，依然大字不识一个。由于是半路出家，岁数较大，所以在太监圈里没有人脉，也没有师傅愿意带他。进宫之后，只能做些扫地、抹桌子、倒马桶等苦差事。照此下去，想接近上层，引起皇上青睐，根本就没有可能。稍微有点野心的，估计早就换地方了。但是，别人不愿去的地方，魏忠贤就去了，而且一干就是十几年，默默无闻，酸甜苦辣从不向人抱怨。在这期间，史书没有任何有关他工作劣迹的记载。不过，由于他对工作勤勤恳恳、兢兢业业的态度，史书有一项记载：宫里太监都叫他“魏傻子”！

处事干练。尽管史书上记载了有关他阴险狡诈、流氓恶棍、溜须拍马等种种劣迹，但是客观看来——他这个人又特别有能力，处事特别果断，做事特别干脆。比如，书中描述他在拉拢士大夫、打击东林党、处理边疆危机等的一系列表现，可以印证这一点。他具有很强的团队意识，善于借力打力，在政治斗争这方面，他很像太平天国时期的杨秀清。在治理国家中，杨秀清也没读过书，但他在指挥太平天国50万军队，还有一帮文臣的时候，显示出了超强的政治天赋，是一个不世出的人。所以，在历史上，想做个“出类拔萃”的奸臣，个人得有些本事。

以上说明魏忠贤并不完全是一无是处的，他的发迹是有内因的。

历史条件

读这本书时，难免就会有一个先入为主的道德批判框架，进而在此框架下评价魏忠贤专权时代的一系列治国理念和政治措施，进而归纳出魏忠贤当政时期的政治是黑暗的、乌烟瘴气的，一系列经济措施基本是误国误民的，进而把明王朝推向了绝境。但是，如果多切入几个角度来分析明王朝的灭亡，我们或许可以更加客观地评价魏忠贤及其官员在大明帝国灭亡中所起的作用。

国本之争：国本之争对万历政局产生了深远的影响。首先，万历皇帝消极怠工，以至于最后对内阁、地方官员的缺官现象视而不见，给明末正常的政治运行造成极大的破坏，皇权开始旁落。其次，皇帝为了抗衡内阁，开始提拔宦官，内廷势力影响逐渐增强。

更为严重的是，皇帝对于皇位继承问题模棱两可的态度，使得官场乃至地方大员，妄加揣测，政局混乱，宣、昆、齐、楚、浙五党与东林党两大派明争暗斗，文官集团出现了分裂，党争之祸由此开始，并一直持续到明朝灭亡。

自然灾害：明末遭遇了小冰期，而明末的崇祯年间，又正值小冰期引发的一系列灾难性气候变化，小冰期带来的影响，除了气温下降外，还使得植物生长季节变短，粮食作物产量变少，谷物价格上升，致使各地频繁出现饥荒。其结果导致边外清军四处掠夺，频繁进攻明朝边防驻地；国内自然灾害频发，流民载道，农民起义大范围爆发。在内忧外患的情况下，明王朝的覆灭，不过是个时间问题。

明末党争：明穆宗时期，东林党人势力空前膨胀。魏忠贤上台后大肆排挤东林党人，将其排挤出朝廷，东林党人几乎被消灭殆尽；而当魏忠贤倒台时，东林党剩余力量又开始了对魏忠贤的阉党进行清算，一时间党争和中央的内部倾轧愈发激烈，导致行政效率低下，尤其是代表江南工商业集团利益的东林党掌握了政权后，开始废除工商税，造成白银的流通量不足，引发国家财政危机，南北发展的不平衡，阶级矛盾加剧。魏忠贤与东林党的斗争已超出朝廷的范围，导致整个国家的经济、政治与文化剧烈动荡，一旦面对突如其来的战争和灾祸，明王朝的覆灭将是必然的结局。由此可知，多换个角度，对于看待问题、分析问题，进而获得一个比较客观的认识是很有帮助的。

历史表现

我们在评价某个人时，经常会有这么一个误区：谁的故事讲得精彩，这个人物就属于谁。一个人会讲故事，他把魏忠贤讲得特别坏，我们觉得魏忠贤就是坏；一个人把魏忠贤讲得特别好，说他在政治上特别成功，我们觉得魏忠贤就是好。这时，他的思想是有摇摆的。书中讲了很多他的“坏”，比如操弄权柄，迫害忠良，结党营私，祸国乱政。但大家也可以找到他的很多“好”，比如，重用袁崇焕、毛文龙，稳定边关，征收富家商税，减免穷人赋税，充实国库，稳定内政。但这种好坏，对于评价一个历史人物就有点简单粗暴。

如果我们站在人物的当时处境看人物，或许看得会比较全面一点儿，这也是我分享这本书最重要的一点。这么做，并不是想给魏忠贤翻案，可以肯定，魏忠贤坏事做得太多，在道德层面上很难再给他翻案。但抛开道德层面，从另一角度我尝试做出一个中性的解读，就是魏忠贤在治国方面的“庸人”表现其实就是保障自身安全和维护集团利益，是在险恶政治环境下做出的一种必然“响应”。在读这本书时，我们还可以梳理出魏忠贤的一个变化轨迹：在天启皇帝还没登基前，魏忠贤是个好人，他对皇帝是绝对的忠心，就是一个老老实实、本本分分的家奴。但是从天启元年（1621）到天启四年（1624），这段时间魏忠贤又有个变化，他想像万历朝张居正那样，成为事业有成的人。到天启四年，个人权力欲望的膨胀，危机感的缺失，导致他失去了理智，这就是魏忠贤不可控制的阶段。

在活动的最后，张老师提到，在看《庸人治国》这本书时，我们不妨将道德和政治分离开来。这个“道德”可以折射出人物的一种“心境”，而政治背景则可以反映人物所处的“环境”。只有我们把两样综合起来，再站在人物的立场上设身处地地想一想，不以人的道德是非来判断政治是非，才可能会更加客观地认识一个历史人物。

我们将毁于我们热爱的东西

——刘宏志老师分享《娱乐至死》

2017 级金融专业　王禹骁

扎米亚京的《我们》，乔治·奥威尔的《1984》和赫胥黎的《美丽新世界》是反乌托邦三部曲，讲述了两种方法让文化精神枯萎：一种是让文化成为一个监狱，一种是让文化成为一场滑稽戏。尼尔·波兹曼的《娱乐至死》便是在美国电视媒体异军突起，大众逐渐习惯于这种娱乐化方式之时，对赫胥黎式未来的大胆想象与对世人的警醒。

9 月 20 日晚上 7 点，郑州大学文学院副教授刘宏志老师在郑州大学南校区图书馆三楼为我们深刻地介绍了《娱乐至死》这本书，并联系当今中国社会，详细分析了"娱乐至死"对生活的影响。

后现代主义思维认为，世界是一面打碎的镜子，因此，我们所看到的都是碎片化的世界，繁杂，却不完整。刘老师认为正是新媒体的发达，真理的相对性，催生了碎片化的世界，才使得人们渐渐变得娱乐至上而不自知。比如，娱乐明星过高的收入，粉丝过于狂热的追求，以及被资本引导的媒体。这不仅会影响社会风气，更会改变人们的价值观。过度娱乐扭曲了人们的审美观念，比如，快手视频上那些故意扮丑以哗众取宠的人，这不仅会使大众品位下降，更会使劣币驱逐良币，让那些从小就刻苦锻炼的高雅艺术表演者曲高和寡。这些都在影响着那些心智不成熟的少年，影响着祖国的未来。对于这些娱乐至上，人们惰于思考的现象，刘老师说：“不可否认，这是社会发展必然经历的过程，但我们即便不是这个过程的成功者，也一定不要成为这个过程的牺牲者。现在都要求寓教于乐，这其实也是娱乐化的一种表现，我们须知学习知识并不是那么有趣的过程，谁也不能避免，但是为了吸引大众关注到学术这方面，只能用这种方法来吸引大众。”

刘老师是当代文学的研究者，这使他贴近社会，贴近生活。他除了个人对《娱乐至死》的演讲外，还认真地回答了同学们的问题。比如，《1984》里的愚民政策，古代统治者推行的愚民政策，以及现在的娱乐至死，有何不同呢？刘老师表示，古代的愚民政策是政府强制推行的，《1984》的老大哥也是政府强制崇拜的，他们都是一种思想上的专制，而娱乐至死是人们在各种各样的媒体文化冲击之下无所适从的表现，是一种主动的被专制，自愿困在里面。而我们要做的，就是让我们去控制娱乐，而不是让娱乐控制我们。

在电视媒体高度发达的今天，思想开放自由，教育资源共享程度高，然而，为什么并没有出现全民学习的盛况呢？刘老师说，这是人性问题，放纵欲望是人的本能，所以在政府专制消失的今天出现了娱乐专制。而娱乐当中媒体所主导的并不一定是对的，因为它可能被资本诱惑，使价值观念有所偏差，社会道德沦丧。但这些发展都是不可避免的。这种时候，我们更应该提高自己的辨别是非能力，并对社会发展呈乐观态度，多读书锻炼思维逻辑能力，不能成为电视人，从而停止思考。

老师和蔼有耐心，同学们也都积极参与互动。最后，刘老师对提问的同学给予了表扬与奖励，将5本精选图书赠送给他们，希望他们关注社会，平衡好娱乐与学习的关系。同学们也都沉浸其中，受益匪浅。

《诗经》经典化的历程

——罗家湘老师带我们领略《诗经》之美

2017 级会计学专业　杨金豆

《诗经》是我国第一部诗歌总集，共收入自西周初年至春秋中叶大约 500 年的诗歌 305 篇，分风、雅、颂三部分。其在我国文学史上的重要性，无须赘述。可是提起《诗经》，你能想到什么？

“关关雎鸠，在河之洲。窈窕淑女，君子好逑。”

“呦呦鹿鸣，食野之苹。我有嘉宾，鼓瑟吹笙。”

这也许是大多数人第一时间所想到的吧。发现没有？我们大多数人对《诗经》其实知之甚少，仅有的认知也大多是来自课本中。但是，《诗经》之美，可不止“关雎”“鹿鸣”。

罗家湘老师就带领我们领略了更多的《诗经》之美。《诗经》特别是其中所表现的“饥者歌其食，劳者歌其事”的现实主义精神对后世文学影响最大。它推动诗人、作家去关心国家的命运和人民的疾苦，而不要把文学看成流连光景、消遣闲情的东西。历代民歌是它的嫡传，从汉魏乐府直到近代歌谣都深刻体现了这种精神，历代进步文人在创作中倡导“比兴”“风雅”，实质上也就是倡导《诗经》的现实主义精神。

分享会当天正值“五四”青年节，罗老师以此为切入点，鼓励同学们要树立远大目标，发扬“五四”精神并为之奋斗。他接着从

《诗经》的编辑、《诗经》的内容、《诗经》的传播等几个方面援引大量文献，讲述了“诗经”的悠久历史，总结出“一部经典之所以能源远流长，不仅仅因为它本身的价值，更在于它对后世还能产生新的价值，使后来人也能从它那里汲取新的营养，挖掘出适合时代的价值”的结论。这正是《诗经》现实主义精神的体现。

随后，罗老师从目录学的视野讲诗，从《汉书·艺文志·六艺略·诗》《隋书·经籍志·经部·诗》到《四库全书总目·经部·诗》，引经据典，讲述了诗的悠久历史。诗是有意味的中国符号，一直占据中国文学的正统地位，是中国精神的主要载体。罗老师以《关雎》为例，讲述本诗的赞美与讽刺意味，告诉同学们要正确解读诗歌。最后罗老师还为大家讲述了风雅、风骨与风流的区别。他指出，《诗经》是我国古诗词文化中的瑰宝，追求的是温柔敦厚的人格。这种人格体现在对于各种社会关系的处理中，在待人接物上给人留下精神的暖意，这也是《诗经》现实主义精神的印证。

在随后的互动交流环节中，同学们结合自身实际，争先恐后地提出了自己的疑问。

其中一位同学提到，他欣赏《诗经》所倡导的待人接物的态度，但在实际生活中却时常做不到这样，大有力不从心之感。罗老师听完，首先对这位同学思考并要求身体力行的行为表示赞赏，同时也说出了自己的看法。他认为《诗经》中所倡导的处世之道，是古人对人的社会行为的至高要求，也可以说是一种理想目标，历代圣人贤者尚且无法做到，我们自然不应该苛求自己完备，况且因为时代不同，《诗经》中的处世之法也并不都适应现代社会，所以不用过于纠结于此，时刻以之提醒自己，努力去做，已是难能可贵。

分享会上，前来参会的东校区的一位同学，恳切地表达了对罗老师的仰慕之情。她说自己曾经听过罗老师有关《诗经》的课，并因此对《诗经》产生浓厚的兴趣。罗老师听后也很是激动。最后，罗老师表达了对同学们心向文学的赞赏,并为同学们在获赠图书的扉页上签字,送上真挚的祝福。

追寻生命的意义

——刘亚楠老师分享《追寻生命的意义》

2017 级法学专业　韦煜锦

在我的童年所看过的经典喜剧中抛出的台词,恰恰与哲学上的三个终极问题有着异曲同工之妙。

何为生命的意义?这种哲学性的问题大多会被旁人回以惊奇的目光,捎带着嘴里嘟囔一句:“吃饱了撑的吧?正常人谁没事琢磨这个问题?”不难看出:吃,乃人生一大意义。吃是为了什么?活着嘛!不过放眼未来,这种人应该是越来越少了——毕竟新时代的来临,吃的问题大体解决了,重要的是日益增长的美好生活需要。吃饱了,总要想些什么,不思考,怎么算是完整的人生呢?

生命的意义是多元的,不是一成不变的。同样的人,不同的时期他所追求的事物也不一样;与此同时,其生命的意义,更不相同。身陷于铁锈牢笼之中,被剥夺了人之为人的最基本的自由,无时无刻不活在死亡的阴影中,试问,这种生活的意义何在?

而这种境况,也正是作者当年所遇到的情形。牢笼之中的情景我无法形容,但彼时的绝望在书中可见一斑。书中描述有一种疾病——“带刺铁丝网疾病”。也许很多人初次看到这个名字,会觉得是译者在翻译“信、雅、达”三方面出了一些问题。但根据更多的描述,我们就会知道,在当时集中营的绝望环境下,许多人会丧失生的希望，从而选择去触碰集中营周围的通着高压电的带刺铁丝网。他们选择了放弃，选择了离开。绝望，痛彻心扉。

作者弗兰克尔在奥斯维辛、达豪等集中营度过了三年艰难的岁月。这段经历，在很大程度上，成为他创作这部著作的原因。这本书正是一个人面对巨大的苦难时，用来拯救自己的内心世界，同时也是一个关于每个人存在的价值和能者多劳们生存的社会所应担负职责的思考。作者在经历了人类亲手创造出的、惨无人道的集中营里活了下来。从某种程度上来说，他更有资格来谈论生命的意义。不过作者并未对“生命的意义”本身下定义——生命的意义因人而异，因时而变。不单是个体有所差异，就如前文所述，每个人在不同时期，他的生命意义也不尽相同。因此，又有谁能够告诉你，你的生命的意义是什么呢？作者说，生命的意义要自己亲身追寻才能得到。作者把生命的意义分为短期意义与长期意义。他认为，存在主义的中心命题：生活就是受难，活下去就是在受难中寻找意义。如果生活中存在着一种目标，那么受难和死亡也必然存在着一种目标。许章润先生有言：生活，不论是何种生活，其实是叫作人的这一物种被迫承受的宿命，一种生命的规定性。

关于整体意义，作者在书中又有这样一番表述：“想象一场电影：它是由成千上万的单个画面所组成的，每幅画面都表示一个意义，然而只有当最后一个画面放映后，我们才能理解整场电影的意义……如果我们不首先理解电影各个组成部分、每一单个画面的意义，我们就不能理解整部电影。生活不也如此吗？”生命的意义也许不到最后一刻我们都不会明白。也许我们不应当问“生命的意义何在”；也许我们可以问一些更简单的问题——你的目标何在？

在本次“果园书话”上，刘亚楠老师以一个心理学合成词“PERMA”作为切入点，分享了他对幸福的理解，对生命意义的理解。“PERMA”即“Positive emotion, Engagement, Relationship, Meaning, Acheivement”：专注做事，拥有积极的情绪，处理好人际关系，找到生命的意义，取得成就，只有理解这几点，人们才能更容易拥有幸福。刘老师还以抑郁症为案例，结合本书内容进一步探讨了生命的意义与幸福感。若是生活没有意义，怎么会有活下去的理由呢？在提问环节里，到场的有许多对心理学专业感兴趣的学生，向刘老师表达了自己对心理学的一些看法和疑问，同时也向刘老师讲述了自己所遇到的一些心理上的“烦恼”，而刘老师对同学们的提问知无不答；对个别没有办法现场解决问题的同学，刘老师则给出了去郑州大学心理咨询室寻求进一步帮助的建议。

如果有人还在苦于追寻生命的意义，那么书中的这句话或许能够给你一些启示：“我们能够从生活中得到什么，这并不真正重要。重要的是，我们能给予生活什么。我们需要停下来，想一想生活的意义。并作为那些被生活所询问的人，想一想我们自己——每时每刻。”

什么是真实的幸福

——刘亚楠老师推荐《真实的幸福》

2018 级材料科学与工程专业　杨恺达

大学毕业照上，有的人笑得很灿烂，眼角挤出了鱼尾纹；有的人只是礼貌地提了提嘴角……笑容的不同能预测未来的幸福吗？

——《真实的幸福》

这是本次“果园书话”刘亚楠老师为大家推荐的书目之一《真实的幸福》中的一段话，3 月 29 日晚我校心理学副教授，北京师范大学心理学博士刘亚楠为北校区的同学们分享了这本书，让我们对于生活中幸福的获取有了新的认知。

关于我开头引用的那段话，相信大家和我一样对此有很大的疑惑，笑真的能预测未来的幸福吗？这个问题在我们尚未见到调查结果前都抱着一种怀疑的态度，毕竟笑容不同与否和我们未来的幸福怎么会有联系呢？但是结果告诉我们：它们之间真的存在着联系，而且相当于前者发生后者必然也将发生。

这其中的原因何在，这就需要我们用心理学的方法去看待这个问题。

老师向大家讲述了他认为想要获得生活中的幸福需要的四种境界：真实，接纳，欣赏，给予。

真实是什么？这是我们要面对的第一个问题。塞格利曼指出这种真实就是我们的优势和美德，或者说是通过自己努力获得的优势与美德，由此我们可以引出剩下的三个问题，在你发现自己的美德和优势的过程中你首先要做到的就是学会去接纳一个那样的自己；在你接纳自己的过程中你必须要去学会欣赏美；欣赏人的优势发现人的美德，这样你才能发现并且接纳；在这些之后你自然而然地就会通过给予他人的方式让优势与美德发挥出来。

这是一条结构完整的逻辑环。正如书中所说：

“喝香槟，开名牌跑车是愉悦的生活但不是美好的生活。美好的生活是每一天都用你的优势去创造真实的幸福和丰富的满足感，这是在生活的每一个层面——工作、爱情、教养孩子等，都可以学着做到的。

“就像美好的生活会超越愉悦的生活一样，有意义的生活则会超越美好的生活。

“真实的幸福源于发现自己的优势和美德，并在生活中充分发挥它们。”

而那些笑容对于我们来说就是一种态度，一种优势和美德。不同的笑容就是不同人格的写照，它反映出了一个人是否已经发现自我的那份美。这恰恰是我们在追求的真实的幸福。

刘老师所讲的四种境界为大家留下了深刻的印象，在接下来的时间里，同学们提出了不同的问题，有关于自己本身生活中的问题，也有关于读书产生的疑惑，老师一一解答。最后在大家的掌声中本次“果园书话”落下了帷幕。

我们渴望幸福所以我们追求幸福，我们希望真实所以我们寻找真实，在我们的生活中有无数的问题，无数的烦恼，可是幸福只有一份……

把生命付于天地间

——元成方老师分享《行者无疆》

2018 级材料科学与工程专业　杨恺达

谈到中国现代的散文，余秋雨先生永远是一座无法绕开的大山，他用自己的双足丈量了一片又一片的苍凉大地，用自己的双眼饱览了一幅又一幅绮丽风景，用自己的笔描绘了一个又一个壮美世界。11 月 13 日晚元成方老师在“果园书话”里与大家分享了余秋雨先生的《行者无疆》，更令大家明白了何为行者，何为无疆。

元成方老师作为一名土木工程老师，自是对建筑有着不同于常人的见解，他结合自己欧洲旅行的经历，为大家展示了独属于自己的行者无疆。在老师的讲述里，我们穿过了宏伟的教堂，听到了庄严神圣的唱诗声，望见了透过彩琉璃投下的阳光，更闻到了阵阵浓郁的郁金香的味道。余先生的文字就好像二维的油画，和余先生的文字不同，元老师的讲解更像是三维的模型，展现的是更加细致真实的风景。

在元老师的引导和讲解中大家渐渐地触摸到了余先生那种藏于心底的行者思维，那是一种对风景、对文明的热爱，更是对世界、对人生的不断求索。我们向往旅行，我们渴望旅行，我们憧憬文明，我们希冀文化。但是这种渴望、这种憧憬不应止于想法，止于纸笔，真正的旅行，真正的文化，需要我们迈开步伐，去行走，去思

考,在实干中汲取文明的精华,传承文明的精华。

一本书的意义不仅仅在于书本身传递出的内容,更在于它体现出的作者本身所代表的态度和精神。余秋雨先生的《行者无疆》就是如此,不仅仅传递了他自己对欧洲文明的看法,更让人们看到了他本身的知行合一,行者之为。行者无疆,无疆的不只是到达的边界,更是无疆的精神。

元老师还为大家推荐了《千年一叹》《中国近代史》《醉文明》《鲁迅杂文集》《恰同学少年》这五本书。最后在依依惜别的掌声里,这一次的“果园书话”拉下了帷幕。但是正如行者无疆一样,在老师与学生之间传递的那份关于人生、关于文明的知识没有边界,它们同样无疆。

最后正如开头所引用的余秋雨先生的话,我们要把生命付于大地长天,远山大海,这才是真正的行者无疆。

毛泽东的读书生活

——杨靖敏老师带领大家走进毛泽东的读书生活

2018 级国际经济与贸易专业　王欣萌

掌上千秋史，胸中百万兵。

……

携卷登高唱，流韵壮东风。

——高亨

他是坚定的马克思主义者，伟大的无产阶级革命家；他亦是才华横溢的诗人，造诣深厚的书法家。百万雄师阵前，他是运筹帷幄的军事家；浩瀚书海面前，他是手不释卷的读书人。他就是我们的伟大领袖毛泽东。

11 月 29 日晚，郑州大学工会副主席杨靖敏老师带领大家走进毛泽东的读书生活。本次“果园书话”中，杨老师层层铺垫，由浅入深地为我们讲述了毛泽东的读书方法，全方位多层次地解读了毛泽东的读书生活。在杨老师声情并茂的分享中，我们对毛泽东博览群书、博采众长的读书方法及其阅读之广泛叹为观止，也被毛泽东读书不知疲倦、废寝忘食的读书精神及其阅读之决心激励感召。

杨老师更是以其亲身体验与经历，与大家分享“我跟毛主席读书”的体会，杨老师以她读《大国崛起》为例谈了她的读书方法。

她不仅反复阅读原著，同时将纪录片的文字版整理成册，运用勾画点注的读书方法深入阅读。她从英国《大宪章》的公平立法精神，到明治维新日本善于学习的态度，再到五月花号美国独立自主的立国思想，杨老师细数历史，由古谈今，将书本上得来的知识与实践相结合，运用毛主席的读书方法和心得，为我们展现了阅读的深度。所以说无论是反复阅读经典原著，还是眼到、手到、口到、心到的“四到”法则，都是我们不可多得的宝贵经验。而其深入研究、独立思考、活学活用、学以致用的读书原则更是深深地刻在了大家的心底。

《毛泽东的读书生活》这本书教给我们的不仅仅是读书方法和技巧，更多的是让我们真正懂得了终身读书、终身学习的内涵。“饭可以一日不吃，觉可以一日不睡，书不可以一日不读。”毛泽东与书为友的态度启迪着我们要“多读书，读好书”，用理论武装头脑，让知识在实践中得以活学活用。毛泽东不动笔墨不读书，运用实践平衡知识的阅读智慧给我们以深刻的启发。

杨老师今天引经据典、讲古论今，给大家点亮了人文之光，唤醒了我们内心对知识的渴望，激发了每一个人对于读书的热情。同时杨老师也在分享过程中向大家分享了《重读毛泽东》《毛泽东》《毛泽东诗词全编笺译》等好书佳作，为大家今后的阅读指引了方向，也有助于我们进一步走进毛泽东的读书生活，走进一代伟人的精神世界。

杨老师热情分享自己的读书心得，使在场的同学受益匪浅。大家积极踊跃地向杨老师提出自己的看法和问题，得到了杨老师专业的回答和独特的见解。

果园心语

铁镜公主和杨四郎

——《秋雨》影评

2017 级应用心理专业　薛名珊

“你可以给我讲《四郎探母》的故事吗?”

“好。”

“如果你是铁镜公主,你愿意为我盗取令牌吗?”

“我愿意。”

“你是我的铁镜公主吗?”

“是,我是。”

他们因四郎探母这场戏而孽情深重,他们许诺是彼此的铁镜公主和杨四郎,却不想《四郎探母》也成了他们日后遭际的写照,切实地成为铁镜公主和杨四郎——国仇、家恨,难消。

这个故事,在一开始的时候,就注定要始终伴随着那一段不堪回首的历史。

她是远渡重洋来中国学习京剧的日本女孩,他是经商失败归家重拾京剧的中国少年。

她叫栀子,他叫何鸣。

两人就这样不期而遇了。

她懵懵懂懂,有时虽有冒失却不失俏皮可爱;他干净俊朗,上戏妆眉宇中却自有一股英气。

正是青春大好年华,他们互相倾慕,不温不火地相爱了。本是一个平平淡淡的爱情故事,谁又曾想会突然迎来一场轰轰烈烈的变故。

生活总爱打你一个措手不及,给你当头棒喝。一切都发生在那个不平凡的除夕夜。

阖家欢乐,热闹非凡,一家人正有说有笑吃着饺子。栀子向爷爷打了电话,提到他们包的饺子,而爷爷却突然哽咽不语。随后栀子收到一封信。这封信,彻底撕碎了曾经的平静和美好,而将血淋淋的现实残酷地摆在这一家人、这两个年轻人的眼前:栀子的爷爷参加过侵华战争,他还在不知情的情况下吃过用中国女人的肉包成的人肉饺子。

饺子,原本象征着幸福团圆的饺子,此刻,或许包括以后,都成为全家人的一个噩梦。

那岁月静好的假象,终于还是被打破了。初次见面时栀子天真烂漫的笑靥;舞剑时何鸣俊朗而惊为天人的面容,潇洒的身姿和银光闪闪的长剑;说笑时何鸣的油嘴滑舌和栀子的粉拳娇嗔,这一切,都在栀子爷爷的一封信后,成为梦幻泡影。无法再自欺欺人,他们之间确实始终隔着无法消除的国仇,更何况栀子的爷爷曾亲手屠杀过中国人,更糟的还不是这个,随后何鸣的父亲收到了栀子爷爷的来信,讲述了他曾杀掉一个他很敬佩的、宁死不屈的中国军人,而这个军人,就是何放轩——何鸣的爷爷。这一切像极了铁镜公主与杨四郎:公主的母国杀害了杨家的三个哥哥,而公主在不知四郎身份的情况下喜欢上了杨四郎,并执意嫁给他为妻。他们是一辈子的冤家,既是仇人也是亲人。国仇家恨,处处惹人断肠!

这剧情看似狗血,却又那么真实,我们都必须去思考,必须去面对:这两个年轻人,该何去何从啊?历史不能重演,那些事情谁也不可能装作没有发生过：何鸣的爷爷的死带给何鸣一家的痛苦和灾难，一个国家的耻辱，全民族的伤痛，千千万万性命！谁也无法弥补那场战争所带来的伤害！

何鸣的爸爸表达了他的态度，他回信给栀子的爷爷："你当年犯下的罪行，对我造成了无法弥补的伤害，我永远不会原谅。我们是永远的冤家。但是你能把自己的孙女送到'仇人'的家中，这种勇气又令人敬佩。我不会告诉我的儿子何鸣，因为栀子是无辜的。"对于历史，我们唯有铭记，不能遗忘，但我们不应该将仇恨带给下一代。

剧中栀子的爷爷在面对中日问题时，也表现得很坦荡。他不逃避，直面自己犯下的罪行，承认自己的错误并想尽力去弥补。他让栀子给何鸣爸爸送去治腰疼的药，送栀子去学中文、学京剧。当然，这并不是说他这样做就能完全弥补甚至抹杀他所犯下的罪行，但是，他这种态度，我认为是日本人应当拥有的：承认错误，忏悔罪行，友好面对未来。

栀子在那个除夕夜的凌晨出走了。

而何鸣就要上台表演杨四郎了，这个角色还是栀子跪在暗恋何鸣的师姐面前，为他求来的。她说，如果我们能一起表演《四郎探母》就好了，你是杨四郎，我是铁镜公主。佳人的音容笑貌还历历在目，可此刻却早已是沧海桑田、物是人非。

开场，念白，奏唱，"曾记得沙滩会一场血战，只杀得血成河尸骨堆山；只杀得杨家将东逃西散；只杀得众儿郎滚下马鞍……"他暗自思忖，她终究不会来了吧。

"芍药开，牡丹放，花红一片……"

是她?！是她！她，怎么来了！他呆滞了许久，方回过神来。接着对唱。

…………

“我大哥替宋王席前殉难;我二哥短箭下命丧黄泉;我三哥被马踏尸骨泥烂;我五弟弃红尘削发深山;我六弟掌帅印三关征战;我七弟被潘洪射死高竿……”此凡种种,皆若二人亲历的一样。家仇,国恨,皆是压在心上的五行泰山,是致命的桎梏,令人不得喘息。日军侵华时所犯下的种种罪行,成千上万中国人的尸首,栀子爷爷曾吃过用那个中国女人的肉包的饺子,栀子爷爷曾杀害何鸣的爷爷,这一切,都那么真实,那么沉重。

“我本是杨……”

“驸马,杨什么呀……”

他犹豫了,踌躇了。他能接受这样一个有着血海深仇的国家和家庭的姑娘吗?他看着他的铁镜公主,也是他的栀子,看着她那担忧、痛苦而又迷茫的眼睛,他忽然想到他的爸爸回给栀子爷爷的信里的话:“我不会告诉何鸣,因为栀子是无辜的。”他顿悟了。是的!栀子是无辜的呀!栀子又有什么错呢?她不应该为上一辈的恩怨付出这样大的代价和牺牲!否则,冤冤相报无穷尽矣!

于是他终于缓缓唱出那句:“我的妻呀,啊啊……”这句怎能如此千回百转,揪人心肠。爱恨滋味,尽付其中。

两人不禁相看泪眼,各自拭泪。个中悲苦,也只有他们能仔细品味了。

这两个年轻人的故事终于落下帷幕,而我们中日之间未来要走的路,还很漫长。

“平凡的世界”中的人们

——《平凡的世界》读后感

2017级应用心理专业　刘君怡

《平凡的世界》是我高三暑假开始读的第一本书。几乎是一口气读完的，有趣的是，读到这本书情节较大波动（孙少安砖窑危机）时，恰与我得知成绩的时间相符，也使我开始注意到这位充满乡土气息的主人公，外壳下包裹着一颗跳动的心和不安的灵魂。

小说第一部的中间部分，提到了《百年孤独》中描绘的乌托邦——马孔多，我浑身打了个激灵，心里也开始猜测，路遥是否借鉴了马尔克斯书中的一些手法呢？首先就把玉厚的老母亲，少平、少安的奶奶和乌尔苏拉联系在一起。两者虽在情节构成上存在差异（乌尔苏拉对《百年孤独》的情节推动作用更大），但在小说中的若隐若现则使其共同成为历史的见证者。虽不言语，但似乎起着某种微妙的作用，书中金俊武的妈也有类似作用。

两本书第二个相似点，就是故事的发生地——马孔多和双水村，都是静谧而不为人所知的地方。区别在于马孔多是纯粹的乌托邦，双水村却映射出20世纪七八十年代中国农村的普遍现象和时代大背景的风云变幻，具有极强的政治色彩。

再说人物，我认为本书中最成功的形象是孙玉亭。这个人物是革命年代的狂热者，自私爱耍小聪明，总想挖玉厚一匙烟，多吃他家一口馍，穿一双烂鞋，但他没忘记当二爸的礼节，没忘帮少平在村里谋个一官半职，在女儿出嫁时还有礼物相赠。“一颗红心两双手，世世代代跟党走。”这个人物在我看来是最丰满的，没有之一。玉亭是一个悲剧性人物，但他每次出场却让人发笑，确实有些心酸。在那个年代，玉亭代表的不是少数人，相当一部分人都处于这样一种狂热的状态下。

书中的其他人物未免有些单薄，思想冲突不太明显，比如说田福军的雷厉风行，为官做派，可能是作者的政治理想，不能求全责备。田润叶对李向前的感情变化也确实让人有点难以接受。田福堂和秀莲也是我比较喜欢的形象。

再说情节，前半部分情节变化不大，大致分为村里村外，越往后越心塞，明明有着光明远大前程的少安当了煤矿工人，自己也颇为自得。晓霞因下水救人丢了性命。张有志看到田福军受提拔，而自己仍落魄，成了不作为的昏官，这让我一时有些眩晕。这可能就是平凡人的生活吧，不管曾经多么光鲜，最终仍摆脱不了“被安排”的命运。

再说小说布设的情节，从时间维度上，1975—1984 年，中国正发生着翻天覆地的变化，作者把取景框限定在这里，这是我最爱的地方。每章的开头，作者总要交代某年某日，国家正发生着某件大事，再延伸到阳西县，再到双水村，给人亦真亦幻的感觉，让人读来畅快淋漓；从空间维度上看，作者限定在黄土高原上，他在延津的求学经历和他对故乡的热爱使书中人更加真实。

从前慢

2017 级金融专业　王禹骁

“记得早先少年时，大家诚诚恳恳，说一句，是一句。”

那个年代的人，经历民国，直面“文革”，备经磨难，却愈发沉着，就像釉经过火的打磨，更有韵味。不论是否少年，他们始终将那种实事求是的诚恳态度贯彻到底。学问、艺术、生活均如此。木心先生面对“文革”，始终坚守自我，绝不写违心之句。他说：“文学是我的信仰，它让我渡过劫难，我不能辜负艺术对我的教养。”60多万字的泣血叙述，尽管被付之一炬，那也是文学所给予他而他回报于文学的诚恳。

现代人大多在物欲横流的世界中随波逐流，不免喜欢些虚名，而那些老一辈的先生却似乎格外地“怕”这些个虚名。钱锺书表示：“有名气，就是多些不相干的人。”张充和反复强调：“我读书，写字，画画，唱昆曲，作诗，养花，种草，都是玩玩，从来不想拿出来给人家展览，给人家看。”季羡林先生更是一辞国学大师，二辞学界泰斗，三辞国宝，并说给他这些名号是“折煞老身”，让他浑身起鸡皮疙瘩。他们通透至此，恰如济慈的墓志铭：此地长眠者，声名水上书。

“清早上火车站，长街黑暗无行人，卖豆浆的小店冒着热气。”

那个年代的人，活得惬意而精致，连最琐碎的柴米油盐酱醋茶，也能让他们品出琴棋书画诗酒花的风雅来。就像汪曾祺不只对文学，连吃、唱、遛鸟、说话都十分讲究，透露着一种对平凡生活的热爱。“新沏清茶饭后烟，自搔短发负晴暄”，充满烟火气息，却又有种别样的恬淡闲适。现代能自娱至此的，便只有三毛了吧，但三毛又达不到他们细致入微的那种境界。可能也正是他们的那种随遇而安，才让他们即便面对批斗，也是一种旷达乐观、潇洒享受的姿态。汪曾祺如是，丰子恺亦如是，他把“牛棚”看作参禅之地，把批斗看成演戏，并以“饮酒看书四十秋，功名富贵不须求，粗茶淡饭岁悠悠”的概叹，宠辱不惊过一生。

“从前的日色变得慢，车、马、邮件都慢，一生只够爱一个人。”

那个年代的人深情，生死契阔，与子成说，执子之手，与子偕老。“我不要儿子，我要女儿——像你的。”这是钱锺书对杨绛最为深沉的表白，前世情人，今生爱人，都是你。《我们仨》向世人展示了不一样的钱锺书，杨绛眼中的钱锺书。他们的爱情是：我在人前狂傲不羁，唯愿在你面前幼稚如孩童；我在这个世界无欲无求，但与你有关的一切我都多些计较。还有一种爱情是：我见到她之前，从未想过要结婚，我娶了她几十年，从未后悔娶她。陈寅恪与唐筼便是如此，尽管颠沛流离，我也愿陪你，相濡以沫，不离不弃。

“从前的锁也好看，钥匙精美有样子，你锁了，人家就懂了。”

那个年代的人淳朴善良，以礼待人，以诚处事，身于世俗，却不沾俗气。都说距离产生美，网络技术发达的今天，人们似乎淡忘了过去那种点到为止、彼此尊重的含蓄美，甚至产生了狗仔队这种以窥探别人隐私为职业的奇怪生物。而那个时代的人不曾如此，更为难得。

从前的日子慢，潇潇洒洒，人格即风格。从前的人温润古雅，文化张扬，作风浪漫，生活清苦，人有风骨。

诗香果园

梦初始

2016 级国际经济与贸易专业　刘　璞

初霜时节，孕育了邂逅
叶片变黄的声音，被你听到
种子落地静悄悄
匆匆里构建起小筑
心腑中发酵梦想
拙篇新墨，绿蚁初尝

不久，凛冬疾至
写一纸西风，翻卷起粉雪如沫
烟花不堪剪，红梅不堪弄
路灯在屋外模糊；且作西窗夜话
氤氲饺子的香、年节的色
蘸一笔朱砂浓稠

后来，又是春回时候
料峭寒息，新绿初萌
灵魂的旅途如同漂流
暖阳、柔肠、月光
陈了年岁的酿

取一提倾进心湖
漂浮起几叶扁舟

唱遍年华静好,微风不燥
走遍小桥流水,古道夕阳
声调名曰韵脚
脚步名曰时光

而现在,夏至未至,熏风却早到
风扇是古老的悬棺,爬山虎蔓延满墙
粉刷过一遍皮囊
文字
塑造意志的形状

新种子结成了
且将它播撒,如意兴向更深处漫溯
——怎忍心将之珍藏
这里是
梦开始的地方

水调歌头

2017 级经济学专业　孔得延

风卷尘沙净，长歌唤雁留。
不见三军雄壮，金戈满敌楼。
穹宇尚留英气，故国已成胡景，何人带吴钩？
征人断肠处，不复是神州。

忆当年，李与窦，龙城守。
青石没羽，千里逐敌，丹心遗君侯。
楼兰城头辉映，燕然山上衰草，不见使人愁。
我愿赴戎马，横刀为国仇。

诗词四首

2017级材料科学与工程专业　陈翔宇

中秋为川大颖贺生

中秋佳节,皓月千里。凭栏远望,见秋色绮丽,烟横千里。想必南方的那个人,也应流连于这月色之中,不忍睡去吧。

皎玉涵光满,凌尘静自悬。
红纷芳在影,绿柳动生涟。
锦绣千山夕,悠暇万里烟。
蓉城今好月,南人未应眠。

和友赋春诗

午睡醒来,天色昏沉,狂风卷沙。值此落花时节,留滞的人心中又想起崔郎故事,怎一个悲伤了得?

窗外寒梅已作尘,流莺百啭乱客心。
东风乍起烟沙重,午梦初回日色阴。
君莫歌春春易逝,花飞唯有恨长存。
崔郎年少犹自叹,况是留滞影伴身。

遗韵哀思

随着时代的发展，诗词逐渐没落，在快节奏的生活下，又有谁能留一份诗心呢？这留下来的千年古韵，又有谁能继承？

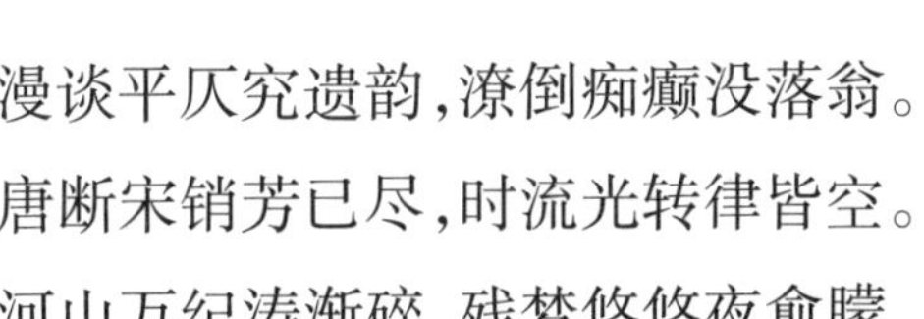

漫谈平仄究遗韵，潦倒痴癫没落翁。
唐断宋销芳已尽，时流光转律皆空。
河山万纪涛渐碎，残梦悠悠夜愈朦。
客者不知流水意，余弦难奏枉国风。

阮郎归·独步寻花词

校园的樱花又开，美而不艳，独步寻花，甚是愉悦。春光尚好，唯愿世界充满爱与阳光。

东风何处落春樱，陌边新草青。
小城花雨正空灵，纷纷下翠琼。
暗香淡，粉妆浓，枝深雀对鸣。
劝君独步莫疾行，摇曳此含情。

花开了有什么意义

2017 级会计学专业　王子皓

我要化入
化入泥土或蜷缩于水泥板青砖石
一寸一寸
到枯萎的叹息覆盖全身肌肤

我要抖落
是深夜磨了砂的月光下
还是某个行人停下脚步举起我的相框时
我抖落了
好像是哪个清晨一阵凉沁的风中
它迎起我
我就随它去
没有远方
归于树下

可我忘了
我还未盛放
还未捧上
我纳藏了一季的气息

我要盛放
不须挑时辰挑光亮
只要你来
仰头看着我的时候
或你只是经过
忘了我的时候

花戏楼的眺望

2016 级国际学院音乐表演专业　杨　震

年，是饱蘸重彩的毛笔。
我用双手揭去尘封的门联，
迎来新春的展望，
这仿佛为年味添了一份厚重。
灯笼映彩时，如漫天红霞。
我点燃烟花，炫亮天空，
映照月的光辉，让我沉醉。
年是浓情，是家人的团聚，
是长辈对孩子们的寄托。
围炉守岁年夜饭，亘古，
这便是中国人的情怀。
登临花戏楼，眺望历史，
咦？是谁在咿呀作戏，
猛一回头，楼台戏文粉饰，
老生一声吼，花枪一转，
年的头彩戏！我记得那美妙瞬间。

且撷芳华

锦渊劫

2017 级经济学专业　史尚林

初春，夜。

“今晚就必走不可吗?”她帮他披上战袍。

“嗯，必走不可。”他望着北疆地图。

“可是我们……”她有些急。

“再不走，北疆就守不住了。”他打断她的话。

她闻言，不语，送他走出庭院。

蓦然，她止步，他向前又走几步停下，但未回头。

“你一定要回来。”她眼中噙着泪水。

“等我。”他留下二字，大步离去。

她，当今圣上最小的公主，最受圣上宠爱。

他，开国武将后代，世袭公爵，自幼习武，加冠之年已立下赫赫战功，他所属林家军更是远近闻名，让敌人不寒而栗。

他与她，自幼相识，青梅竹马。

五日后，本是他们的大婚之日。

半月前，朝廷接到北疆军情，报北疆有狄人侵扰。

经朝廷廷议认为，按惯例，这不过是游牧民族的骚扰罢了，过些时日便会自行退去。

不料，就在今日早朝，八百里加急传至朝堂，带来了出乎意料

的消息。

“北疆已失幽凉六州，狄人已至御龙关！”

朝堂之上，从九五之尊到文武百官，表情无一不凝重。

偌大朝堂，一片死寂。

谁都知道，御龙关后，便是一望无垠的平原，而京城与御龙关距离，不过数日余。且由于先帝实行休养生息之策，从京城至御龙关，并无足够的屯兵。

“让他去吧。”还是圣上打破了这片沉默。

“可是皇上，林将军和小公主婚期已近……”一位年迈的文官急忙说。

“文死谏，武死战。”无人再应答。

圣上长叹一口气：“就这样，退朝。”

当他接到圣旨时，她与仆人们一起，在用婚庆之物装饰他们的院子。

老太监宣读圣旨完毕后，语重心长地对跪在地上的他说：“林将军，圣上将一半御林军交付与你。御龙关，就靠你了。”

他沉默不语。

数日后，北疆，御龙关，函谷要塞，从北疆入内陆的必经关隘，也是最后一道关隘。

他站在城头，表情严肃，听亲信汇报军情的同时，眺望前方。不远处，便是狄军军营，肉眼清晰可见。

“将军，狄人此次侵袭，怕是预谋已久，要不然幽凉六州不会那么快失守。”一亲信说道。

“那你可知他们的真实目的？”

“…………”

他何尝不知道狄人有备而来，也固然知此番必是一场恶战，狄人的剽悍他早有耳闻也曾交手，而他此时想的，却是魂牵梦绕的她，那个等他回去完婚的她。为了她，为了关内百姓，为了国家，这场战斗只能胜不能败。末了，他抽出御赐宝剑，仰天长啸："誓与要塞共存亡！"

"誓与要塞共存亡！"声音经久不息。要塞高楼，"林"字军旗随着北疆的风，猎猎招展。

太阳初升，大雾尚未消散，他等待已久的狄军，动了。他抽出了宝剑，剑指向了前方。

这一日，死不旋踵，狰狞的面孔，带血的刀剑，低沉的号叫，弥漫的烟尘，整个御龙关都为这种原始搏杀的惨烈气息所笼罩所湮灭……

熊烈战火升起的浓烟，滚滚着弥漫了函谷要塞，那风中猎猎招展的"林"字军旗，已然残破褴褛，似乎顷刻间就会坠落。城楼之上更是死尸伏地，血流不止，却无人向前清理，浓浓的血腥味与汗味相互夹杂着，充斥在空气中，刺鼻难闻。

战争，却依然持续，嘶喊惨叫，动人心弦。

"呜……"一声军号划过长空。

全身是血的他有些发愣，何来的号角声。

"将军，他们，他们退兵了。"一部下惊叫，指给他看。抬眼望去，果不其然，狄军如潮水般退去。

来不及思索原因，他忙道："快，整顿军队，修复要塞。"顿了顿，他又问一句："我们还有多少兵力？""将军，我们只有 3000 预备队了，林家军损伤过半，如果硬抗，最多 4 日……"部下止住了口。不

用说，他也知道会是什么结果。

狄军此次攻战，比预料得还要凶猛。

又是夜。要塞高楼，他正与部下商量对策，突然，楼门被人急促推开。

“将军，狄人送上一封书信，要求将此信呈送陛下，且保证在回复之前不会进攻。”

他狂喜，此番来回，需数日，足够恢复军队的元气了。

随书信一起呈送的，还有他亲笔书写的求援的加急军报。

皇庭。皇上看了看狄人的书信，又看了看他的军报。狄人的书信，只有一个目的，和亲，否则，不死不休。他的军报也只有一个要求，援军。

要和亲，皇上只剩这一个待嫁的小公主，且和他有婚约在身。要继续战争，又将有多少将士远离家乡，效命疆场；又将使多少家庭夫妻离散……皇上握紧了扶手，沉思不语。

消息传到她那里，她正在为他做女红。

“他应该快回来了吧。”她想。当她听到消息后，一失神，绣针扎入了指尖。鲜血，一滴一滴，掉落在光滑的地上，聚在一起，宛如一朵盛开的蔷薇。

皇庭，甘泉宫。她一身素衣，站在皇帝面前。

“父皇，让女儿去和亲吧。”她强忍着心情，一脸的决绝。

“可是孩子，你……”

“生在帝王家，身为皇室宗女，我能做的，也只有这些。”她一字一字地说。

“那你们的婚约……”

“这是我的命,也是他的命……”

宫外,初春的凉雨,正淅淅沥沥地下着。

御龙关,函谷要塞。援军,他没等来;等来的,却是和亲的队伍。婚车中坐的,本是属于他的妻。

他不解,他怒吼,却无人回应。他请求再见她一面。他从未见过她这么美,红色的长裙,袖口上绣着金线,裙摆用银丝勾出几片祥云,鬓发低垂斜插玉簪凤钗,尽显皇室高贵。

“为什么?”他问。她不语。

“为什么?”他再问。她静默。

当他又要开口时,耳边传来了:“你照顾好自己,此生,怕是不再相见。”

“……你也是。”

次日,函谷要塞,城门大开,一队军士在城外列队,为首一名士兵,高举“林”字军旗。和亲队伍,从塞内,缓缓而出。

此时的他,就站在要塞高处,俯视着和亲队伍,一双黑眸,死死锁住那最为华丽的婚车。

突然,他大步向城墙走去,而他的部下,则将他紧紧围住,身为亲信,他们知道,婚车内的公主,本是他未来的夫人。

他停步,心中默念:“素锦,你可知今生我只爱你一人?”

他不知道,在婚车中的她,望着那招展的“林”字军旗,笑了,笑得苦涩,笑得无奈。“林渊,你可知,我的心,早已属于你。”

远方的山头,一轮红日蓬勃而出。

愿你岁岁长安,哪怕生生不见。

一片伤心画不成

2017级会计学专业　王子皓

秋风吹了几起，落下秋叶几回。梧桐叶染匀金黄色，正映着那西山半挂的落日余晖，簌簌落下。西风起，薄薄衣衫贴上肌肤，不近人情般地不见暖意，更透凉意。

容若负手向风而立，凉意裹满身体，他不想躲，偏要这凉意沁入衣衫，沁入肌肤，沁入骨骼。仿佛只有这样，才感受到自己的存在。“你走后，西风起时，还会有谁念起我？”容若始终浅笑，眼前浮现起那日秋风里卢氏低眉为他披上外衫的身影。战栗，分不清是心战还是身体的冷战。梧桐树下的男子衣衫缠风，在落日余晖的映衬下，仿佛绝美的人物风景画。

不知多久，容若反身进入卧房，掀帘，迎眼仍是她的妆台。一抹残阳挡不住，从窗口悠悠映向妆台，光辉里灰尘浮浮落落。妆奁铜镜还在，如她在时那样摆放。物是，人非，厚厚的灰尘均匀地为它们镀上一层思念，厚重得仿佛揉进了谁的血泪。泪盈了眼眶，容若抬起头，窗外的梧桐树叶萧萧漫落，落了往事历历，落了昨日言笑晏晏。容若关上窗，像是能关上对亡妻的思念。卢氏，卢氏。

夜里一盏残灯半壶酒，仿佛是消愁的场景。一个人的酒，饮来总是愈加孤寂，那怀念的身影愈加清晰。“酒怎是苦的？”容若记忆里二人花下斟酒，沁了佳人浅笑与那日春景的酒，在记忆里是清冽的甜啊。容若放下酒杯：“绣榻闲时，并吹红雨；雕阑曲处，同倚斜阳。”这为你吟下的诗,可还记得?

她以为饮酒风流,却偏偏不胜酒力,薄酒微醺,每每沉沉睡去,他看她睡着的笑颜,不忍惊扰,这般美好。

她以为诗书养性,最爱与他相砥砺,以书做赌,每每输了笑闹,惹他泼了赢的香茶,不忍责怪,这般稚趣。

往事历历,最怕回首,历历在目,不如醉去。

终于,容若在醉梦里与她重逢。他会不会轻轻为她擦去脸颊的忆君清泪如铅水?会不会听她诉尽这生死相隔的相思之愁无尽处?会不会在略尽千言万语后,对她轻吟:

谁念西风独自凉,萧萧黄叶闭疏窗,沉思往事立残阳。

被酒莫惊春睡重,赌书消得泼茶香,当时只道是寻常。

理想主义

2017 级应用心理专业　　朱可语

第一章

菲格沙深吸一口气,让腥涩的海风灌进胸口。许多朋友无法忍受过于湿润的空气,甚至有人向他抱怨,指责他太有心机,答应满足他们的好奇心而带他们来,实际上却是借此打消他们不成熟的愿望。他听了,从来只是笑而不语。

朋友们说得没错,他很不喜欢那些认为他在海边得到了个度假活儿的贵族子弟,而工作的保密性又不给他和别人解释的可能,唯一能说服他们的只有让他们“眼见为实”。

只不过他们根本没能耐坚持到真正的工作地点罢了。

阳光洒下来,白色军装上的金色流苏晃动着。他眯起本就细长的眼睛,长睫毛投下浅浅的影子。无垠的深蓝海水渐渐向远方扩散,晕染成浅色,直至在明晃的阳光下泛起白沫。几只海鸥掠过海面,又在渔船临近时匆匆回升高度,拍打着翅膀远去。

菲格沙的眼神很好,看到那艘小小的渔船扬起了帆,船身上下摇摆。船尾漆上了不甚清晰的红色字母“P”。

“Republic of Phi Elias。”“RPE。”——佩伊利亚共和国。

在这种特殊时期,即使是普通渔船,也只有经过了皇家海军部的重重审核才能出海，且不得超过限定的海里范围。这是指挥部的命令，但有些部门觉得这样的防范有些过于谨慎，毕竟除了战略抵抗距离相当远的敌国，与周围国家的正常海上贸易也是相当重要的。

在海军部审核科里的熟人曾经对他抱怨道，如果面对假想敌都要这么麻烦，等哪天真打过来了，上层光说不干的家伙还不得吓死。他默默听着，努力抑制住想翻白眼的冲动。

说得好像他们部门不在“光说不干”的范围内。

他不是不知道海军部的指挥官们都是老牌海军将军，但他不认为好将军就一定能指挥好士兵，尤其是那些并不是真正的士兵的人。他曾经的上司韦斯特上校就进了海军指挥部，可因为惹怒了玛斯坦贵族家的小儿子，最终也只得了个被闲置的下场。他们一帮韦斯特的手下也去闹过，但并没有得到上层的重视，只好不了了之。可他不想放弃，尽管那时候他还只是个小少尉，但他总觉得自己必须做点什么。

然而，阻止他的不是别人，就是韦斯特。

年过半百的上校依旧身体硬朗，只用一只手就能钳住他。可他挣扎着回头时，却发现上校脸上是他从未见过的神情。

“别去了。”上校说，“没用的，他们总会完蛋的。”

菲格沙还没明白过来，就被上校推出了家门。他愣在门口，许久才反应过来自己本是来告诉老师他要控告罪魁祸首的，而这个提案被上校一票否决了。

菲格沙想起当时的自己依旧想笑。那时他太幼稚，完全不理解现状，觉得受到了不公平待遇就应该抗争到底。

还好，不久之后他就明白了上校指的不仅仅是玛斯坦家的小混账。

菲格沙倚在栏杆边，额前金色的头发被风吹起，挡住了他的视线。他想脱掉帽子，又觉得有些不合规矩。他冲旁边待命的士兵挥了下手，后者向前跨一步，抬腕行礼。

“菲格沙少将，有何指示？”

他指了一下渔船渺小的影子：“炸了。”

“是。”

士兵转身离开，而他依然倚在原地，蔚蓝的眼睛比此时的大海更加平静，即使是几分钟后的爆炸也未让他眸中掀起波澜。他转身，腰间的佩剑轻击栏杆，发出清脆的声响；他如同每一个海军战士一样，站在甲板上纹丝不动，任凭脚下的军舰在颠簸中疾速前行。

“呦，菲格沙哥哥，今天不练假靶子了？冲渔船开炮，你很厉害嘛！”

菲格沙看了一眼对他开玩笑的少年，踢开满地的书本，关上房门。少年瘫在文件堆里折纸飞机，夸张地冲菲格沙丢去。纸飞机绕了一圈，掉了下来。

“真可惜。”他叹着气，也不知是在惋惜纸飞机还是渔船。

“上头发来命令，有一队走私犯的残党会在今天走海路逃出国境。可倒霉的是，因为陆路封锁而时间紧张，不得不走海路，选了个渔船，临时漆上了字母——那群蠢货是真不知道红色船只标记是一年前的客船才使用的吗？你也真是，在审核时放水让他们过，非要在他们以为快要成功逃走时开火，你是属猫的吗？逮着猎物还不直接咬死，不先耍一番不行是吗？哦，对，他们走私的是特制海盐，比起在陆地上处理，掉落海底反而是更环保的做法。”

菲格沙拉过转椅坐在少年身边，说：“只是为了给炮兵练手。倒是你，怎么和上级说话呢？”

“嘁！我又不小了，怎么说话是我的事。”少年闻言，咧着嘴回应道，“别倚老卖老啦，大叔！”

菲格沙皱起眉头，明明他还不到三十岁。他扬手装出要打少年的样子，后者马上蜷身护住头，却不害怕，反而咯咯地笑起来。菲格沙撇了下嘴，骂他是个小滑头。

这少年名叫佐伊，也不过二十出头的年纪，却因机敏过人而进入佩伊利亚共和国皇家海军部队的监察科，这在监察科招收历史上前所未闻。因战时政策，他被监察科派来协助菲格沙工作。二人之前并不相识，但同是埃尔维萨区的出身和爱热闹的天性让他们一见如故，合作倒是相当顺利。

菲格沙很喜欢有人能和他开玩笑。埃尔维萨区在佩伊利亚共和国的南方，炎热的气候和临海的地域铸就了埃尔维萨人热情奔放的性格，菲格沙也不例外。长期的军队生涯令他接受了规矩，而共和国史上最年轻的少将之一的赞誉教会他如何在规矩之内恣意妄为。他本人承认那些称他嗜烟成瘾、任性随意的“据说”之辞，如果不是屡建功绩，他肯定会被上面的大人物革除。可身份职位的特殊性让他无比安全，也助长了他被压抑已久的对自由散漫的渴望。

而佐伊还未熟谙成人世界的游戏规则，虽说被派来监督菲格沙及其下属，却更像是种无形的调剂，让菲格沙他们的生活没那么无聊，也难怪包括菲格沙在内的军官们都很喜欢他。

菲格沙脱下右手手套，正想从口袋里掏出什么，就被少年“不许抽烟”“我受够那味道了，太可怕了”“你看见你手指都发黄了还不住手”之类的话吼得收了回去。

嗯，说心里话……他也想过把这小鬼从船上扔下去。

就在两人插科打诨时，一位留着齐肩直发的女军官来送饼干，

佐伊看到她端着的茶水和饼干，眼光发直，无不谄媚地喊她：“艾瑟尔姐姐！最漂亮的艾瑟尔姐姐！”

被喊作艾瑟尔的女军官撇了下嘴，似乎想忍住笑。她走到这边，却故意只给菲格沙摆餐盘，佐伊一下子不乐意了，抓住她的袖子撒娇地晃起来。艾瑟尔有些无奈，看了一眼菲格沙，见对方一副看热闹的样子，便也给佐伊安排了一份饼干。佐伊开心起来，不再闹她，毫不客气地吃了起来。

“我的中尉都要成你的了。”菲格沙端起杯子揶揄道，艾瑟尔只是立在一旁微笑不语。她相貌平凡，却有平易近人的气质，总是温和地对待军队里的同伴，哪怕对方是佐伊这样的小毛孩，或是菲格沙这样的麻烦上司。

“那又有什么！”

菲格沙看着艾瑟尔，后者也在看着他。艾瑟尔示意了一下，菲格沙意会，二人一前一后地出去，走入舰长室。他们向舰长打声招呼，按下墙壁上的机关，一道暗门徐徐打开，又在他们进入后无声关闭。他们下了一层楼梯，来到用来商议的房间。

“护卫队怎么样了？”菲格沙开口道，声音在隔音的房间里有些浑浊不清。

“一切正常，‘拉法埃莱’（Raffaele）按照计划被全方位保护起来。并未发现敌军踪迹。”艾瑟尔回答。她来到皇家护卫队只有一年，但深知眼前散漫的少将对待工作相当负责。

“继续保持，有情况随时联系我。告诉其他护卫舰不要离主舰太远。”

“是。”菲格沙每次都会叮嘱这一句，艾瑟尔也每次都这样回答，即便她不清楚这有什么特殊意义，“但是少将，鉴于这种形势，我不认为佐伊留在这里是件好事。”

“嗯?”菲格沙看着她,没有什么表情,只是示意她继续说下去。

“您也知道,监察科派人来从来不是什么好征兆。我们这时期的工作是护卫‘拉法埃莱’的安全,而监察科让佐伊来也就意味着这次的护卫行动可能比我们想象中的还要重要。而根据雷斯托中尉的报告,不管是发现护卫队内有问题,还是单纯协助我们监督被护卫者,这次监察科的行动都相当麻烦,会给我们查出‘埃托雷’(Ettore)的计划增加困难。如果从可能性考虑,虽然佐伊的身份是保密的,但依旧可能会被当作目标。”

菲格沙低着头,道:“我会考虑。让雷斯托注意安全。”

艾瑟尔顿了一下,应道:“是。”她见菲格沙并无他话,便打算先行离开。

“艾瑟尔。”菲格沙突然喊道。

“是?”

“我其实相当讨厌海军部和监察科,但我不讨厌佐伊。”

艾瑟尔回头,只看到菲格沙背对着她,看着墙上的壁灯。她等着他继续说下去。

“知道为什么吗?”

“如果您愿意说的话——我想知道。”

菲格沙的侧脸本就轮廓分明,在灯光下异常冷硬。他伸手打开船舷的侧窗窗帘,粼粼的幽蓝色映入房间,黑色的鱼影匆匆划过。

“海军部早就不是纯粹的军事部门,它掺了太多杂质,就像一摊颜色斑驳的浑水。不同的浅水鱼活在这里,相互争夺,最终只活下来一种。可在我看来他们没有区别,都只会安逸地吐泡沫,不知道有更深的海,有更可怕的危险。”

“佐伊是孤儿,没有所谓的背景和后台的支撑,却能走到这

一步。”

“我期待着他可以冲破这死水一样的困局。”

“无论如何，我会保护他。”

第二章

菲格沙站在甲板上，看着瞭望台上的士兵打出旗语，指挥着舰队向东方行进。他打了个寒战，意识到已经是12月了。南方地区的海上气候没有那么冷，却也时不时会有几次寒流涌来。他仰头看天，伸手探了下风向，觉得这几天应该不会经过大型寒流。

如果从第一次担任皇家海军护卫队队员开始算，他在这儿已经服役8年了。对他来说，当上护卫队队长不难，当上少将也不难，但不让他在任务中感到厌恶非常难。哪怕执行多少次任务，多么熟悉的排查工作，都会像第一次上军舰一样犯恶心。他说不上来是为什么，不会出错，但就是身心不舒服。

第一次出任务后，他窝在宿舍里，发了三天的烧。原本是一天就能扛过去的病，却因为他和室友借烟抽而愈发严重。当时的队长阿斯谢尔来看望他时，闻到屋子里呛人的烟味就破口大骂，恨不得把他捂死在床上。

队长骂他是不是在找死，跨过菲格沙塌下去的身体动手开窗。他没搭理队长，心里却回了一句：“说得对。”

他一直觉得呼吸困难，可能是因为他们在与敌军发生冲突时击杀了几个平民，敌我双方都死了几个人。护卫队的工作和他想象中的完全不一样。

血似乎溅到了肺里。

队长说：“瞧你怂的。以后这种事多着呢。”

还多着呢?!

直到现在他还会不寒而栗。

他闭起眼睛,深呼吸,让自己平静下来。不知为何,回忆往事变得越来越频繁,他可不想被人说他多愁善感。

左手有些发麻。烟瘾好像犯了,但身上的烟盒被艾瑟尔顺走了,这让他感到不悦,又无可奈何,毕竟是自己让她监督自己少抽烟的。他带的有散烟,可又不想这么早就抽完。瞒着她抽烟不太容易,他试过。

护卫队里很少会有女性军官,艾瑟尔是其中相当出色的一个。她刚进来的时候,菲格沙很怀疑人事科的科员脑子是否正常。他觉得艾瑟尔温和得像只绵羊,不适合护卫队,甚至进军队都很不可思议,直到她出色的准头和敏锐的观察力才改变了他的想法。

“我弟弟五年前在海岸边被不明舰队的人带走了。我家的机动船足以追上任何民用船,但我还是看着他和漆黑的舰队消失在海浪里。我想,进军队找他是最快方式。”在成功完成了菲格沙的任务,在20海里外击沉指定假想敌艇后,她这样回答菲格沙的问题。

“我的护卫队,可不是个搞搜查的地方。”他盯着她,推测着可能的答案。

艾瑟尔长舒了口气,说:“我需要绩点进指挥部。”

菲格沙不讨厌这样的坦诚,相反,她承认护卫队的平均绩点高让他有点得意。他觉得自己带领的护卫队已经比过去好很多了,虽然自己的厌恶感并没有减轻,但他在军部内的形象却明显提升。这让他感觉自己的努力多少有点用。

他一直在提拔她,直到她晋升到中尉。如果没记错,这次任务结束后,她的绩点和军衔即可达到要求。凭她的能力,进指挥部的

搜查科不是问题。

菲格沙皱起眉头。他环顾四周,确认身边的军官皆各司其职。他支起左手,让手套夹缝里的烟支滑下,右手接住,顺势在剑柄轻划引燃烟头。微弱的火星燃起白烟,他深嘬了一口,慢慢吐出,感受浊气从口腔沉降到胸口,又充盈了大脑。熟悉的蒙眬感混淆了视线,他感到一阵短暂的晕眩,心情却没有方才那么沉重。

他向指挥部要来的作战计划拟订书放在了船舱 216 号房间内,本打算这几天看过后写意见回执,但现在看来没精力完成了。他不太担心计划拟订的安全问题,毕竟所有下属都知道他亲自把守 316 号办公室。而这次出发前他决定要个手段,把计划书藏在 216 号房间的隔板中。

总要防着意外的。

他吐了个烟圈,思考着是否有必要找二楼巡察长叮嘱一下。忽然,他感到后背一凉,一个熟悉的声音响了起来。

"少将。"

"中尉。"果然是艾瑟尔中尉。菲格沙迅速转身,将右手背到身后,摆出"我什么都没干"的样子。

中尉暗自叹气。

"报告少将,已经通知过各护卫舰。"

"好。"

"请您把烟灭了,同剩余的烟一并交给我。"

"喂,不用那么绝吧。"

"这是您的命令。"

菲格沙看着艾瑟尔依旧保持微笑却十分坚决的表情,只能照办。

"中尉这种认真的个性有时候还真是麻烦呢……"

中尉一点都不生气。她将烟支用手帕包裹好收起来，说："佩伊利亚最年轻的少将死于肺癌——你想被这样描述吗？"

"总比'死于压力过大'要好吧。"

柔顺的发丝被风扬起，她抬手将发丝别到耳后。

"因为'埃托雷'吗？"

"嗯。"

两个月前，开始陆续有资料失窃。雷斯托中尉认为是护卫队内部出现了问题，而菲格沙也认为有必要查明真相。他们制订了"埃托雷"计划来诱出变节者，计划的机密性极高，知晓完整计划内容的只有他们二人，连艾瑟尔都只得到负责三层楼巡视的任务而不清楚具体内容。菲格沙告诉她知道的人越少越好，而她也服从了这样的安排。

可能的话，还是想要他能更信任她一点。她这样想着。

她知道菲格沙的压力相当大。不管是这次特殊的护卫任务，还是"埃托雷"计划，都让他疲惫不堪。出任务以来，他几乎未曾休息，始终在舰长室和各个岗位反复巡察，确保"拉法埃莱"的安全性。现任元首法兰斯·肖弗尔私下找他谈话，她不清楚内容，但见菲格沙回来后脸色相当不好，便也没有多问，猜测着那个把完美挂在嘴边的年轻元首是否说了"希望你能完美完成任务，否则就把你捆着扔海里喂鱼"的话。

那时的菲格沙似乎看出了她的担忧，伸手拍了拍她的肩膀，说："别瞎想。我当上护卫队队长时，他爸还在位呢。他不敢把我怎么样。"

她知道他在安慰她，用他的方式，尽管他没能掩饰住另一只手把拳头捏出骨头作响的声音。

听说元首相当欣赏菲格沙，但菲格沙看不起上层的贵族，自然

也不会给他好脸色，所以正常的谈话往往演变成元首单方面气得要罚他无设备潜水，势要创造人类极限潜水新纪录。但，正因为他是菲格沙少将，元首恨也只能口头出气，不能付诸行动。

但对于战友，他从来不会这样。在他任护卫队队长期间，护卫队取得了前所未有的辉煌，功劳即来源于菲格沙出色的指挥，39 名护卫队队员在他的指挥下团结一心，84 次护卫行动完美完成，更重要的是人员变动大多因为职位上调，而他本人多次为救队员负伤，且拒绝了兼任共和议会议员的机会。再多的花言巧语也敌不过不争的事实，不喜欢菲格沙的人也不得不承认，他注定就是带领护卫队的人。

“少将你是个好人啊。”艾瑟尔想到这儿，忍不住嘟哝着。

菲格沙愣愣地看着她，一脸不可思议：“你刚才说什么？”

艾瑟尔自知失言：“没什么。”再怎么在心里感叹，也不该失了上下级的分寸直接说出来啊。

他望着中尉，沉默良久，说：“可我觉得不够。”

“什么？”

“我觉得我做得不够，不够多，也不够好。”

艾瑟尔正色道：“我认为少将您已经相当出色了。”

“哦？说来听听。”少将背靠栏杆，歪着头，有些戏谑地看着她。中尉不知道哪来的冲动，对他心不在焉的态度异常不快，迫切地想要反驳他。

“不需要什么长篇大论，只用一个事实就够了：护卫队在 6 年内的伤亡率几近于零。这是以往任何一届护卫队都做不到的。因此，外界想要调来护卫队的人也是一年比一年多。虽然这些话轮不到才来一年的我说，但我和其他人一样认为，如果没有您，护卫队依然会是像过去人们厌恶的那样——被称为‘国王的狗’。”

菲格沙笑了一下，不置可否，但艾瑟尔感到他没有因这些话高兴起来。

一只海燕落在甲板上，又蹦到栏杆边，他伸手逗它，后者没有被惊飞，而是歪着头瞧瞧他，又瞅瞅艾瑟尔，见没有人给它食物便失望地飞走了。他的视线被它牵引向远方，微凉的海风拂过，像要把迷惘的愁绪带走。而在海平面的彼岸，黑色的旗帜和船队的影子若隐若现。

他开口，嗓子有点沙哑：“前些日子，大概一个月前，联盟召开了八国会谈，商议是否对那个传说中的潜在威胁舰队开战的问题。据说没谈妥，佩伊利亚和焰帝国都不愿意轻举妄动，但又怂恿金国挑事，明摆着是想从中发战争财。华国忙于其附庸国独立的条约签署，根本没想花费精力在对付一个“不存在”的威胁上。

“对那群政客来说，那不过是一支行踪隐蔽的舰队，动机不明，破坏没有想象中的严重，他们终究还是离得太远。可对于我们来说，他们就在眼前。”

他指着远处的阴云，说：“那就是他们的巡逻队，在佩伊利亚的领海外，每天都会出现，每天都更近一点，根本过不了多久就会打过来。而那帮陷在天鹅绒椅子里的混账根本想不到。

“指挥部、议会、联合法庭……没有区别，都是废物，野狗一样，只会相互撕咬。

“上校说得对，他们总会完蛋的。”

他的表情愤怒到僵硬，左拳微微颤动。

“这样下去，事情会变成什么样？和那个时候有什么区别？”

6年前，前任队长阿斯谢尔带领执行护卫任务时遇到敌军，为保护目标突围，阿斯谢尔冒险走了民用海路，但驻扎军接到议会的

命令，首要目的是逮捕存在受贿赌博行为的阿斯谢尔。原本议会不能对军队直接下达命令，但当时的指挥部部长与议会人员有地下交易，双方为了防止参与其中的阿斯谢尔泄露相关消息，决定优先借机除掉他。驻扎军放走了部分敌军战舰，导致附近居民遭到大量屠杀。阿斯谢尔察觉到自己成为击杀目标，脱离护卫队。失去指挥和额外调用武器权限的队员几乎是赤手空拳抵抗敌军，死伤惨重，仅存活下来三名成员。

菲格沙是那三分之一。他的左臂和胸口被流弹击中，医治后仍留有遗症，间歇性的麻痹感让他不得不靠抽烟来刺激身体的器官。

后来，他主动请缨，担任护卫队队长，婉拒对负伤军官的补偿金。但他从未忘记战友和无辜渔民惨死眼前的景象。

厌恶这样的军队。

厌恶这样的上层。

厌恶毫无道理可言的佩伊利亚。

厌恶因无法继续面对污浊而止步于此的自己。

艾瑟尔不知该说什么。她不能粉饰残酷的现实。她意识到菲格沙比她想象中还要孤独。战争的创伤让她失去了弟弟，而他失去了战友和对正义的信念。

她握住他的手。没有犹豫，她只是觉得应该这么做。他的手十分宽大，指节突出，隔着手套也有些湿热。菲格沙没有回头，也没有抽回手。慢慢地，她感到他的手停止了颤动，脉搏也不再剧烈。

她开口，声音很温柔，像宁静的海。

“没关系。你很努力了。”

“至少，你救了护卫队。你让它变好了。”

菲格沙的肩膀晃了一下。良久,他的声音重新响起:“每次的任务都不容易。我每次都在想,我要把你们都带回去。

“我啊,明知道这样的想法有多幼稚,却还是忍不住这样期待着。或者说……我一直都很幼稚,拒绝着他们口中的‘成熟’。

“我期待着这一切可以改变,尽管根本不现实。我没有那么大的能力改变这个国家,我只有竭我所能,保护我的队员。那是我唯一能做的了。

“如果我,我这样的人,还可以有理想的话——保护你们,就是我的理想。”

他转过身,此时艾瑟尔才看到,向来眼神凌厉的他,眼眶竟有些发红。

他说:“你介意我是个失败的理想主义者吗?”

阳光将她的身影镀上了金边,她微笑着,回应道:“没有人有资格质疑你的理想。”

“当真?”

“当真。”

你在这儿啊

2017 级经济学专业　陶泽军

踏过路边的枯叶，嘎吱嘎吱的。燕子成群南去，空中“一”字排开。

“要是我也可以自由地飞翔就好了。”沉甸甸的书包紧紧地压着消瘦的琳。“等我明年高考完，一定要把它们通通扔进废品站。”她这样想道，“还要把卖的钱都用来做 DIY。”随之她踢飞脚下的一粒石子，仿佛赌气般。

不同往常，班主任没有在早读时间出现。“大概是生病了吧。”琳脑海中浮现那个温柔的身影。“那第一节课就是自习喽。”身为班主任第一把手的琳这样打算着。

铃声打响，琳站起身说道：“大家自习吧，周老师等会儿才来。”琳瞥了一眼门口，却刚好看到周老师洋溢着她那标准的笑容迈进教室，像三月的春风，令人发暖，琳边想边打量着跟在周老师后面的男孩。

“他的睫毛可真长。”琳趁午休的时候偷瞄着她的新同桌。“清是我们最后这一年的新伙伴，大家要好好相处，那个，琳把你旁边的空位收拾下，清就坐在那里。”周老师的话回绕在琳的耳边。

“最后三秒，加油啊！”琳听着好朋友呐喊，也紧张地看着赛场嚷嚷道，即使是快要飘扬大雪的冬天，身上的汗还是快要浸湿清的外套。“这是我们认识的第 99 天。”琳这样想。“压哨三分，有效。”场外的裁判吹响口哨，欢呼声震耳欲聋。

“琳，你想去哪里啊？考大学的时候。”清向走在身边的琳问道。琳把手里的冰镇可乐递给清：“风城，去那儿做风城的守护者。”琳反问道：“你呢？”清裹紧外套，仿佛是这罐可乐才让他感到冬日的冷风如此凛冽。“还不知道，我想去南方，一年四季如春的地方。”琳捏紧衣角，心里有种莫名的失落感。

“新年快乐，假期愉快哦，琳。”好朋友跟琳说道。“你也一样哦。”琳跟她摆摆手向地下车库走去，清像以往一样在那里等她。路上他们晃晃悠悠，却也没有人先开口。车子停在琳家的楼下，琳想说些什么，但看着清明亮的大眼睛却什么也说不出，最后清上前抱了抱琳便转身离开了，木木地看着清远去，琳突然想到了书包里的信。

6个月后。

清呆呆地望着那两个镶刻着金边的大字——“风城”，叹了口气。“这个因为一所大学而构建的城市，是她最想来的地方吧。”“风可以吹落树叶，托起鸟儿，自由得很，而此时此刻的我被囚禁在制度的牢笼里。”琳的话萦绕在清的脑海中。

“我不去风城，我想去南方，这是我们约定好的。”清向父亲咆哮道。父亲低着头坐在沙发上沉默不语，一旁的母亲看着往日温文尔雅的儿子，没想到这个决定会让他受到这么大的刺激。她默默地坐在丈夫身边轻抚丈夫粗糙的大手，眼泪顺着眼角流下，轻轻道：“儿子，对不起啊，这实在是事出有因，你父亲的生意出了问题，我们暂时只能去风城那边避避风头。”看着母亲眼泪滴落，清的心一下子就软了。清别过头去不再看他们，母亲接着说：“也想过让你自己去南边，但是你妹妹还小，你爸这边生意还不顺畅，家里人手不够，还怕你出事，所以……”“够了。”清气愤地关上了门。他

仰面躺在床上,心里想到了那个像春天一样的女孩,想到了朋友告诉他:“她选择了南方的一座城市,以她的能力应该是那座城最好的大学。”他扭头看着桌子上的千纸鹤,打转了好久的眼泪滴落在枕边。

凭借着出众的篮球能力,他在篮球队里得到了大家广泛认可,更是和队长、大三的龙成了很好的伙伴。

“清,晚上一起吃饭啊。”龙边擦汗边跟正在换衣服的清说道。“行,没问题,南门的火锅吧。”清随意道。“你小子可以啊,我可是摸了好久才知道那家好吃的。”

“酸菜锅,然后菜单上打勾的,两壶烧酒,谢谢。”龙向服务员说道。

“好的,请稍等。”

“清啊,来这么久了,人长得帅打球还好,有很多妹子追你吧,上次比赛可是有很多女孩在场边尖叫啊。”龙打趣道。清抿了一口瓷杯中的荞麦茶,香香的。他笑了笑。“我可是知道龙哥有一个不错的女朋友哦,还是小学妹吧?”清反问龙,“不过碰到龙哥这种温柔体贴的大叔暖男型学长也是好运呀。”龙笑出声,龙很溺爱他的小女孩儿,不加掩饰:“是啊,真的让我碰到了这样的女孩,说花费了我多少的劫数才遇到她都不为过。”“别人可是说你快把人家宠上天了。”清继续道。“有吗? 我觉得还好吧。”龙尴尬地摸摸鼻尖,清看着龙的窘境笑了起来。

清搀扶着醉醺醺的龙。“有机会让你嫂子见见你,给你也介绍一个好、好、好女孩。”龙磕磕绊绊地说。“好,一定见见。”清回应道,心里却浮现出那个女孩的身影,那个一年前的身影。

“今天状态不佳啊,龙。”清把手里的水递给龙。“哎呀,这场输了赖我。”龙说完猛灌手中的水。“走,晚上去吃饭,跟兄弟说说怎么了。”清说完便去淋浴了。

“最近这丫头也不知道是怎么了，跟我闹分手。”龙喝下一口烧酒，跟清倾诉道。“哦？心情不好还是怎么了，怎么会这样？”清询问道。“我也不知道，自从上周三就这样了。”龙又是一口烧酒下肚。“怕不是想起前任了？”清打趣道。“问她也不说，就是铁定要分手。再来一壶烧酒，服务员。”龙面色通红。“一说起你那丫头就疯了一样。”清无奈地摇摇头。

“龙，等下我负责跑位，你控球，找机会切球到底线我来得分。”清喘着粗气跟龙说道。“相信你的三分能力。”龙头也不回地走向裁判去接球。这是一场风城和陵城一所大学的比赛，冠亚军之争。

两年的历练，清成为团队的强力得分手，却也成为对手严防死守的核心，差距慢慢地被拉开。“最后三秒了。”仿佛回到了两年前，球回到了清的手里，球从胯下运到左手，左脚前迈，右脚却带动身体向右反转，起跳，后仰，这是清的招牌动作，球在空中划过完美的抛物线，落在框缘转了一圈，没有进。哨声响起，裁判喊道：“陵城玉陵大学胜。”而此时的清顾不上失败的悲伤，他急切地寻找那个熟悉的、陌生的、想念了730个日夜的声音。

那是一双不曾被浸染的眼睛，明亮晶莹，长长的黑发自然地搭在肩头，燥热的夏风仿佛吹不散女孩带来的清凉。

手里是熟悉的冰可乐，脸上洋溢的是那个18岁的容颜，泪水掺杂着微笑。清把女孩紧紧地搂在怀中，女孩仿佛没有预见到男孩会如此，只是呆呆地傻笑，任由泪水流淌在男孩湿透的背心上。

毕业季。

“该走了，离开这个充满爱和梦的地方，开始下段冒险了。”龙面带他那标志性的微笑朝清说道。“龙，好运……”清说了一半好像不知道该说什么了。

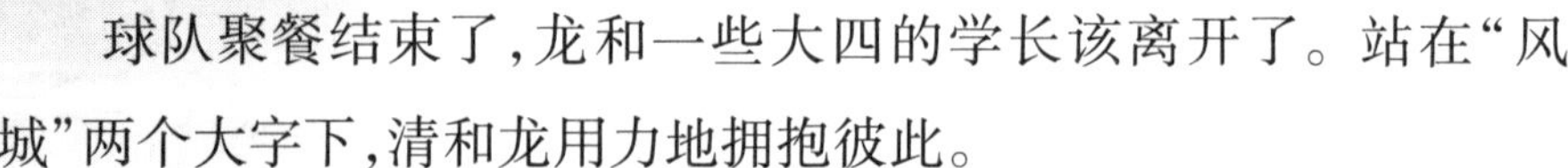

球队聚餐结束了，龙和一些大四的学长该离开了。站在“风城”两个大字下，清和龙用力地拥抱彼此。

“你欠我一个总冠军。”

“还欠你一份完美的爱情。”

龙看着沿途的风景，听着车外的蝉鸣，却不知道未来的景象会是怎样。他昏昏沉沉地眯着眼睛。

“龙，我们分手吧。这份依赖该停止了。”琳安静地看着龙。“自始至终只是依赖吗?”龙拼命地压制住那份冲动。“是，我的喜欢被遗忘在了18岁的寒冬，一路走来身边渴望的只是依赖。”“可我，我把你都当成一种生活的习惯了啊。”内心的悲伤让龙声音变得颤抖。“那是刻板死守的制度，我想自己一直以来都没有忘记如何跳动心脉，只是被我压抑罢了。”“我也确实是该走了，可，是谁，让你一直埋没了那份感性？可以，可以告诉我吗?”龙几乎泣不成声了。

周三，是个沉闷的天气，暴雨就像在头顶打转一般，恐吓着路上的行人，琳翻开压在箱底许久的记忆册。“这是高三的时候自己最珍惜的宝贝。”琳这样想道。她坐到桌前打开它，尘封的记忆映入眼帘，一封信落在了地上，仿佛触动着琳内心最柔软的弦。“这是关于他的所有想象了吧。”琳自嘲道，打开信。

清：

很冒昧地写这样的信给你，很快这个冬季就要来临了，记得你说，冬天是你最讨厌的季节，没有办法随心所欲地打球了。

也难怪你那么喜欢南方，四季如春啊。

可是你知道吗，我多想让自己成为你喜欢冬天的理由，我多想成为你这个冬天最好的礼物。可是我，没有勇气。

即使是写了这封信，却也不敢交托于你，但是我心里有一个执念,我一定会去南方的大学,我想要追随你的脚步。

我过往的青春暗淡得没有趣味,只有对的答案和高的分数还证明着我在活着。而你,仿佛是一道散发着七彩的光,照耀着我,我好贪婪,一点一滴地吮吸着你的光,偷偷地吞噬,给自己积攒那份生的渴望。

我不敢告诉你,也不敢有一丁点儿的额外的奢望。我担心这份渴望会让你觉得我是个恶心的人。我会告诉自己你的阳光不应该洒落在我这个阴暗的角落。

可是,我又舍不得。

这封信最后会不会是垃圾桶的肥料,我不知道。但是懦弱的自己早就是贪婪的肥料了。

琳被自己的泪水模糊了,她后悔自己的胆小,后悔自己不敢冲动一次,只会在父母的约束、管教下苟延残喘。

琳不记得这信封里还有第二封信了。

琳:

我知道你对我的心绪。我为此开心喜悦,但是却不敢流露太多,因为这个冬日是最后待在这里的时间了,下学期我就要跟着父母换一个地方了,不过,我一定会在南方等你的,无论结果如何。

可能喜欢一个人最有效的检验方式就是时间和距离,我担心你只是喜欢这份感觉,所以我自私地做了决定,现在还不要打扰你的生活。

从你第一天中午偷瞄我,我就喜欢上了你那可爱的小眼神。可爱,俏皮,单纯,都用来形容你也不为过。你总是自卑自己活得不鲜艳,可我却一直觉得你只是在沉淀,沉寂所有的情绪,凝集所有的孤独。你像是沉睡的美人,时刻用我还在沉睡检验自己还活着,我渴望成为你的王子,用深情的吻,唤醒你。可是,喜欢也是一

把双刃剑，我不想娱乐自己却刺伤你。

所以请你原谅我自私的决定。

青春好在可以肆无忌惮地热爱篮球，品尝人间美食，遇见鬼斧神工的风景，更好在可以大胆喜欢你。

我不愿意做一个一笑而过的过客，也不愿意是一个难以忘怀的渡者，我想做一个永久的陪伴者。

我想我们的喜欢应该不局限于此时此刻，此地此景，此生此情。

时间还有好久，我很想去那个自由的风城，因为那里有最自由的你。只是家里，就是你说的“制度”捆绑着我，我只能随他们去南方。

我要离开一段了。

你要坚强点，不要在意那些生活的不如意，我在这段旅程的下一个拐点等你。

愿你一切顺利，心意如初。

拳拳爱国心,浓浓中华情

2017 级材料科学与工程专业　许文静

“国的家住在心里,家的国以和仁立”,温馨柔和的旋律一遍遍萦绕耳畔,但绝不能仅仅把它当作穿堂风一笑而过。小家成国,国即大家,唯有爱国,方可温暖每个小家,滋润出朵朵圣洁之花。

古往今来,爱国人士多又多

苏武牧羊,不失汉节,这是他的拳拳爱国之情;屈原投江殉国,魂断汨罗,这是他的诚诚坚守之义;关天培浴血守虎门,这是他的熠熠爱国之志。在现代,爱国是钱学森先生历经千难万险回家的报国之心,是周恩来总理“为中华之崛起而读书”的坚定斗志,是童第周刻苦学习为国奋斗的不灭烛光。

扎根现状,素质教育强又强

十九大以来,党中央高度重视弘扬爱国主义精神,加强爱国主义教育。2015 年习近平总书记在中央政治局第 29 次集体学习时强调爱国主义及其教育是中华民族的精神核心,要根据中国特色国情,确定适合本身的教育方式。空说无凭并无作用,盲目瞎干也是白搭,而在习近平总书记紧贴国情的指挥下,在有关部门的切实

施行下,爱国观念正逐步深入人心,仿佛每个人都有了可供归属的心灵净土。

以身作则,践行爱国稳又稳

以人为镜,可以明得失;以史为鉴,可以知兴亡。如果没有那些在战场上奋斗的士兵,可能在第二次世界大战期间我们就已经被法西斯推平。战士们也是年轻人,说不怕死是不可能的,为什么他们站了出来?这是爱国的力量,是爱国主义激励他们去保护家乡父老。但这也并不是说人人必须奔赴战场,有人守边疆也要有人护家乡。只要有这份心,在哪儿都能发光发热。蚂蚁抱团过河,靠全体团结之心。同理,中华儿女唯有人人团结,拥护自己的国家,才能实现真正的强大与辉煌。

从较高层面来看,爱国也是一种道德。当然,道德不具有强制性。其实就道德来讲,它一般就是某种经验的总结,那关乎爱国的道德又是怎样的呢?我想大多人都听过石头汤的故事,村民们每人都只贡献了一点食材,最后做出的美味是每个人用单独食材做出的平淡完全不能相比的。将爱国教育相比于故事中的石头,石头本身并不能带来任何利益,而是村民的相互付出,让每个人增加了利益,远远强于单打独斗。因此,国家是一个集体,唯有人民相互理解相互付出,这个利益共同体里的每个人才会得到最大化的利益。

德国文豪托马斯·曼曾说:“我在哪里,哪里就是德国,我带着德意志文化。”国家,绝不只是地图上的那个板块,而是真正将文化渗透进你心里的归宿。我爱中国人,我爱不少中国地貌,我爱很多中国的书、中国的历史,我爱这片影响我心灵、给予我灵魂的土地,我更感谢它的教育给予我懂得感恩、学会反思的好习惯。从少年先锋队员到共青团员,从共青团员向共产党员努力,这是我的追求,更是我爱国热情的呐喊与呼唤。

如果不能理解，请你尝试倾听

2016级应用心理专业　桂文瀚

人生在世，总有一些孤独包裹着你，总有一些秘密缠绕着你。这些事情，对于你来说，是委屈，是苦楚，是无奈，让你想倾诉，想宣泄，但在他人看来却无关痛痒，不为人所理解。当你向他人诉说时，得到的回应却是“哦，你不应该这样这样，那样那样”或“你这算什么？我还以为有什么呢？比你委屈的人太多了”。比你处境好的人，居高临下，觉得那些事情无关痛痒；比你处境差的人，嗤之以鼻，觉得你无病呻吟，哗众取宠。

最近几天因为各种累积的事烦心。晚饭散步时，我仍是烦躁，想找个人倾诉一下，于是打电话给我的一个好朋友。但他的反应是我万万没想到的。因为累积的事情较多，所以我打算一件件地表述，当我把第一件事情说出来后，他就好像觉得我很矫情，完全是无理取闹。我可以理解他的不理解，他可能觉得我的现在是他求而不得的，但我并没有好好珍惜，反而无病呻吟。当我讲述第二件事的时候，他变本加厉，突然打断，横加指责，冷嘲热讽。我没有再说下去，因为我知道，他不但不能理解，也无法做到倾听，他掺杂了太多的自己的情感，我无法判断对错，更无力去和他辩驳。我心里涌出一股悲凉，不是因为他的不理解、不倾听，而是我突然明白：有些事情，只有你自己明白；有些孤独，只有你自己可以品尝；有些伤口，也只有你自己去慢慢舔舐。但我心中更加惶恐，因为我不知道在我还没有体会到这种悲凉的时候,我是否已经以同样的方式伤害到了别人?

每个人都是一颗孤独的星球,独自沿着自己的轨道前行。每个人都经历着独一无二的经历,有着独一无二的孤独。我们永远也无法在别人的轨道上运行,也无法对别人的孤独感同身受。廖一梅说:“每个人都很孤独。在我们的一生中,遇到爱,遇到性,都不稀罕,稀罕的是遇到理解。”我们无法理解一个外表光鲜亮丽的人,内心也许有些懦弱和自卑;我们也无法理解一个成绩出类拔萃的人,感情方面也许总是有些问题。许多事我们可以尝试理解,但理解永远都是一种奢侈品。

曾读过一篇文章,印象最深刻的一句话是:我们或许无法感同身受,但我们还能选择善良。有时候,我们向别人倾诉,其实并不是一定需要对方理解,需要对方感同身受。只是需要倾听,需要放肆一下,需要一个能够脱下伪装将自己的孤独和脆弱摆在明处的地方。等时间一到,一切又立马恢复到原状,我仍然是我,你依然是你。但是我知道,有个地方,有个人,可以让我冲破孤独的束缚,袒露自我,不加掩饰;可以在我的孤独里洒下一道光,不一定明亮,但足够照亮我前行的路,给予我前进的力量。所以,当下一次有人向你倾诉衷肠的时候,如果你实在不能理解,那么请你安静地倾听,因为他一定是孤独得快要窒息了,而且你对他来说是比较重要的人。所以请你这个对他来说比较重要的人,给他一点温柔,而不是压倒骆驼的最后一根稻草。

寻味家乡

年夜饭

2017 级金融学专业　李知起

一年又一年，伴随着“禁放令”的出台，城市中的年味好像也越来越淡，但是在相对偏远的农村，年味依旧浓厚。年关时打扫庭院以辞旧迎新，置办年货，逛集市，大年三十家家团聚，吃饺子，全家大人一起下厨做一顿团圆饭。吃年夜饭是我们保持年味浓厚的主要原因吧。

自古以来就是民以食为天。按照习俗，大年三十和大年初一早晚都应该吃饺子。在旧社会时，饺子便是生活中最好的吃食，在大年三十晚上及初一早晚吃饺子，寓意着在未来的一整年都会吃得很好，因此，这三顿饺子是必不可少的。包饺子要准备饺子馅，擀饺子皮，将馅和皮完美地包合在一起。包饺子的过程也是全家人一起沟通交流的过程。一家人围绕饭桌，用具齐全，馅料色香味俱全。单说这以韭菜鸡蛋最为突出的素馅，就吸引着不少食客的目光：鸡蛋打散倒入油锅，一刹那香味充斥着厨房，韭菜洗净切碎，与鸡蛋拌匀。二者色彩搭配和谐，同时带有韭菜浓重的香气。或许大部分人都不喜欢韭菜略有刺鼻的味道，但不得不承认韭菜独特的香气与鸡蛋传统的味道是相辅相成的。包饺子不是件容易的事儿，饺子皮是否能用擀面杖一气呵成地擀成，馅料是否适量，包出来的饺子形状是否小巧，都是衡量这顿饺子吃得好不好的标准。有时在包饺子时长辈还要偷偷在饺子里包上红糖作为好运饺子，

吃饺子时谁要是吃到红糖饺子，寓意着未来一年里会时刻与好运相伴。

家里饭食的准备工作

素菜荤菜都不能少，一把刀，一张案板，数种肉类，各种蔬菜，以及多种酱料，按序摆开。面对这样一桌盛宴，特别是出自自己之手，不由心生"天下我有"的感慨。光是原料就让人垂涎欲滴，那成品又是哪种诱人的景象呢？这真是让人浮想联翩。

完成的大餐

菜类汤类齐全，酒水果汁管够。或许家庭自己做的伙食并没有大饭店里的那样精致，但恰恰就是这样一盘盘的经自家人手的菜肴，它带着家人对旧的一年的回顾，对新的一年的期盼，带有感情的温度。它沟通了家人之间的感情，成为亲人之间联系的纽带。

过年的意义在于家人团聚。

年夜饭的意义自然在于增进家人感情。

过年，做团圆饭，与家人一起吃团圆饭，这就是春节吸引着无数中华儿女奔赴回家道路的本心，也是我心中的家乡年味。

“年”在一起

2015 级视觉传达专业　张景悦

新年从这里开始

“记得早先少年时,大家诚诚恳恳,说一句,是一句;清早上火车站,长街黑暗无行人,卖豆浆的小店冒着热气;从前的日色变得慢,车,马,邮件都慢,一生只够爱一个人;从前的锁也好看,钥匙精美有样子,你锁了,人家就懂了。”(木心的《从前慢》)

所谓年味,就是指家的味道,一家人结束了一整年的忙碌,团聚在一起,感受家的温暖,对于我来说新年的气氛从很早就开始了,2 月初我就在各个银行和医院参与了春联活动。银行的人总是那么多,来领春联的人络绎不绝,每个人都拿着红彤彤的纸回家,在我心中新年从这里开始……

“家的味道,永不变!”

回想我成长的历程中,过年大概是这样的。我家年夜饭的格局一般是先凉菜:牛肉、炒花生、带鱼、熏鱼、鸡肉、糖拌番茄……之后是热菜,爷爷腿脚好的时候通常都是爷爷下厨,做他最拿手的回锅肉。韭菜大肉的饺子永远都是我们家的标配,咬一口,总能咬出水来，嫩得不行。现在看来，这才是家的味道，是一个一提起过年，一提起回家就能想到的味道。

年底，我妈对我爸的要求会放宽些。平时我爸喝酒老挨她训，年底妈妈就放宽，自己还肯喝两杯。年夜饭通常会吃得时间很长，五点多上桌，拖拖拉拉地吃。我爸要喝酒，吃得慢，从“前三灶吃到后三灶”。经常吃饭、喝酒和家人聊天到七点多，直到春节晚会开始，才边嗑瓜子边看电视。

因为前一天吃得肥甘油腻，所以第二天早上的早餐总是惯例清淡，无盐无油。到了中午领了拜年红包，开心地去吃火锅，所以印象里，大年夜，厚实肥甘的年夜饭，频响的电话和短信声，眼花缭乱大闹大跳的春节晚会……这一切总是热闹非凡。见了人第一面就喊“过年好”，说不定还能得到一个小红包。

年夜饭岁岁年年相似，所以过年的时候，总是能感觉到一身轻松，仿佛又回到了小时候——大家总能在一起的小时候。

我们“年”在一起

初三或初四，父母的亲朋好友们总是聚到一起吃饭，时间长了，仿佛成了自己家的习俗。从前总是早早地订好了桌在饭店吃饭，现在则是在家里包饺子，仿佛这样才有年味。包饺子的时候总能听到叔叔伯伯谈论他们的学生时代，大家仿佛回到了当初无忧无虑的少年时代。大概，那就是父亲与叔叔伯伯们习惯的过年方式。对他们而言，过年不是吃年夜饭、看春晚或发微信红包，而是在我家屋顶小客厅里喝酒。就像我们这一代可以用各种载体，在各个房间里边看春晚边吐槽一样。尽管现在的春晚在我们的口中成了各种“槽点”，却还是放不下想看春晚的心。

如果等我老了会跟小孩子们说，20 多年前，我也在电视机前，默默听着赵本山老师的“你跺你也麻”，赵丽蓉老师唱“我做的是，爆肚儿烧肉溜鱼片，醋溜腰子炸排骨，松花变蛋白菱藕，海蜇拌肚儿滋味足，四凉四热那个八碟菜，白干老酒烫一壶……”——他们怕是也会觉得不可思议吧？哈哈，哈哈！

平时工作忙没时间联系的朋友、同学以过年为由头，发个新年祝福，要个敬业福，发个微信红包联系一下，又何尝不是一种“年味”？对于那些出门在外的人来说，以“过年”为由头，能够回家跟父母、亲人见个面，说说话，就已经觉得“年味”十足了。习俗总是会变的，变就变吧，只要还存着过年的心就好了。过年的心，自然是离家久了，人长大了，经历过磨难了，才会明白：能够放下一切，在过年时开心一回，是多么不容易。所以过年，给了大家一个借口：到了每年的某个节点上，大家没事瞎起哄、一起闹个乐，彼此喧腾热闹地问候和祝福。

从前的日色过得慢，车，马，邮件都慢，一生只够爱一个人；现在动车、高铁、飞机，带着你几个小时就到了家，这何尝不是一件好事。从前的锁也好看，钥匙精美有样子；现在的高楼大厦，共享单车，都在我们周围。时代总在发展，日新月异，唯一不变的是我们对过年的期待与过年期间的喜悦和对家人的思念。

年味儿

2017 级经济与贸易专业　张嘉仪

小时候，
年味儿是门前的鞭炮声，
送走往年的晦气，
迎来新年的憧憬。

年味儿是新贴的对联，
避开邪物的侵扰，
寄托美好的期盼。

年味儿是除夕的饺子，
谁能吃着硬币，
便拥有一年的好运气。

年味儿是一沓子压岁钱，
一半藏在储蓄罐里，
一半消费在玩具店里。

长大后，
年味儿是返乡的列车，

拥挤的人流，
和大包小包的年货，
满载着一年的疲惫，
享受与亲人共聚的欢乐。

年味儿是父母殷切的问候，
年味儿是故友重逢的喜悦，
年味儿是工作暂放的悠闲，
年味儿是内心深处对爱的渴望。

回家就是过年

2016 级会计学专业　袁镜卓

我的每一个春节都是在老家过的，所以，对于我来说，寻找年味也许就要从老家开始。

故乡的豫剧曲调朴实而含蓄，总在寂寞的时候让我想起幼时与爷爷奶奶一起看《梨园春》的温暖，一起分享戏曲带给人们的快乐。又一次踏上回家的路，过年就是回家，年味便是家的味道。

故乡的身影似一只狡黠的猫，在心中的点点间隙中嬉闹，刚过完小年便急匆匆地呼唤着我回去。踏上这条通往故乡村庄的小路，一丝激动、一丝欣喜，我不由自主地说："回家的感觉，真好。"回家的路总让人心急，总觉得无比漫长。中巴车摇摇摆摆的节奏让我昏昏欲睡，这使我想起了家里的场景：棚架上曾经翠绿的瓜藤像五线谱上弯弯曲曲的韵律，奶奶这时一定和爷爷一起在这小棚下，支起了小灶，给我这个大孙女烙着我最爱的葱油小饼吧。棚架下投下斑驳的光影定会给那小饼上印上点点金黄，和着水汽一起向上蒸腾吧。想着想着，口水也不争气地湿了嘴角。其实，年味是一种情愫，是一种家的召唤。

小巷子中最让人心动的便是那扇大铁门，铁锈的侵蚀却掩盖不了它那应有的华美。锁芯转动，推开家的门，清新的泥土芬芳，淡淡的柴火味顺着鼻腔吸入肺中，那是少有的家的味道。奶奶擀杖上挑着热气腾腾的大饼乐呵呵地说："吃饼吧，刚熟，香着呢。"一口咬下去,一种熟悉的香味顺着舌尖沁入心脾。年味其实就是这么简单平凡,不仅仅是鞭炮的喧嚣,更重要的是一种温馨的找寻,你能看到生活的本真。

故乡的情在那一寸寸挂念中变得更加明朗。二十三,糖瓜粘;二十四,扫房子;二十五,炸豆腐;二十六,切块肉;二十七,杀只鸡;二十八,贴花花;二十九,喝碗酒;三十晚上熬一宿。二十八这天,是我和爷爷过年的约定——和他一起贴春联。家里的三层小楼有九道门,不能重样,每年挑对联都是个难题。但爷爷总能极有耐心地品读着每一副对子。之前我也练过一段时间的大字,每每这时爷爷便会说,明年你练练字,买点红纸咱也能自己写。我总会应着,但至今也没写过。

过年是什么?在我看来就是一种团聚。爷爷奶奶一共有三个子女,他们又在三个不同的城市各自打拼。每年能聚在一起的时间也就是过年的这几天。我是家里唯一的一个孙女,从小就备受宠爱。过年意味着又长大了一岁,也意味着我需要肩负更多的责任。包饺子,吃团圆饭,看春晚,逛庙会,虽然没有了往年的鞭炮轰鸣,但其乐融融才是过年真正的意义。葡萄美酒斟满了对过年的期盼和对新年的祝福,其味醇香而又弥留在齿间。年味其实就是家的味道,让心相连,让月更圆,让爱永存心间。

传统粉的春节日记

2017 级通信工程专业　赵晨阳

2018 年 2 月 15 日　除夕

人家除夕正忙时，我自挑灯拣旧诗。
莫笑书生太迂腐，一年功事是文词。
——［明］文征明

今天是农历丁酉年的最后一天，在这样一个重要的日子里，作为传统文化的忠诚粉丝，我怎么能无动于衷呢？嘿嘿，悄悄告诉你，在我上大学的这半年里，我的家乡可是大变样了呢。什么？你问我的家乡是哪里？哼哼，我的老家可是千年古县，三圣之乡的汤阴县哦。这里是抗金名将岳飞的故乡，同时也是周易文化的发源地和战国名医扁鹊的埋骨之处。汤河岸，细柳轻抚水；公园处，傲树刺苍天。朝阳入水，晚霞衬影，明月倚栏，繁星闪烁。梅花傲，傲不过名将铮铮铁骨；荷花清，清不过名医济世之心。反正这就是我的故乡，话不多说，接下来让我细细道来我的除夕之旅吧。

除夕第一站，当然是伫立于汤阴县城内的岳飞庙。汤阴人每到春节都会去岳飞庙，一来缅怀抗金名将岳飞，二来为自己的亲朋好友祈福。但是今年的岳飞庙不同于往年哦，除夕当天一大早来到岳飞庙,你看,不仅岳飞庙的外部进行了严密的修整,而且内部也扩大了空间。在进入岳飞庙的这段时间,我不断地听到一个又一个家长在对自己的子女讲述岳飞的故事,讲述那一段历史的悲凉壮阔。从岳飞像到白马处,从外堂到内殿,在这个喜气洋洋的春节里,我仿佛跨越千年,仿佛看到了那大宋的如昼花市,看见了那玉壶光转,看见了那一夜鱼龙舞。

午饭过后一直到晚饭前,小孩子由大孩子带着去把家里面的对联贴一下,当然这个过程中,更多的是欢声笑语和嬉戏打闹。而大人们则分成两派,女士们坐在案板前包着春节期间要吃的饺子,男士们则在一旁喝着小酒聊着天。

在饺子包好后,晚饭也就准备完毕了,在一阵欢声笑语中,除夕的饺子宴便开始了。接下来便是看看春晚,聊聊天,不过传统的习俗是通宵不睡觉,要守岁,现在基本是没有人守岁了,春晚还没结束,床上便已经集体卧倒了。嘿嘿,不说了,我也要赶快睡觉,明天还要拜年拿红包呢,这可是存零花钱的最好时机哦。

2018年2月16日　春节

爆竹声中一岁除，春风送暖入屠苏。

千门万户曈曈日，总把新桃换旧符。

——［北宋］王安石

今天可以说是我这一年中起得最早的一天，原因你懂的。嘿嘿，闲话不说，接下来开始我的春节之旅。

早上起来，先给长辈们拜年。因为我家在一个家属院内，很多多年的老邻居可以说是看着我长大的，所以，在给自己的家人拜完年后，需要挨家挨户地给小院里的长辈们拜年。就这样，一般大年初一的上午，就在拜年中悄悄地溜走了。

到了下午便可以自由活动了。当然，按照我们家的惯例，一般是出去感受一下过年的气氛。前几年我们一直去羑里城，那里有一个八卦阵，是按照《周易》做的迷宫，还有一些古代的石碑。在这里，你可以充分体会到中华传统文化的博大精深。不过，今年我们去的是扁鹊庙，这座庙是为纪念扁鹊而建的，同时，扁鹊的坟墓也在这个庙里。悬壶济世，医界泰斗，名响于争霸之时，流传于千年之后，杏林之中，泰斗之名唯君一人而已。

每年的春节，出于各种各样的原因，总是会发生一些变化，但是，最根本的规矩却从来没有改变，就像那高山流水，渔舟唱晚，所含有的不再仅仅是那一份知音之情、悠然自得，还含着那一份厚重的历史感，含着那汉唐雄风、唐宋烟雨，含着那一个民族“虽远必诛”的霸气，含着那“崖山之后无中华”的感伤。

家乡的春节从夏商的古道走来，带着战国的赳赳战鼓，带着汉唐的塞上长歌,带着两宋的蛾儿雪柳,带着近代的铮铮铁骨。她一路走来,伴着阳春白雪,也伴着下里巴人,伴着歌舞升平,也伴着群雄并起。她似风,吹动这千百年文人墨客的情感;她似雨,点滴着千百年离乡游子的心弦;她似万物,但又与万物有别,她紧握着我们的手,却又仿佛即将离去。其实,她呀,是记忆,是我们祖先留给子孙们的记忆。其实,她呀,是树根,是中华民族这棵古树绵延千年的根。

年　关

2016 级音乐表演专业　仝　昊

往昔篇

年是什么？可以把它说成是年糕、爆竹、守岁……但这些都不足以概括。我说，年是中华儿女的浓浓情节，这就包含着游子对家乡的爱恋，孩子们对“年”兽的无限幻想。

风逝我脸庞，携走我的一根发丝，这也将我的思绪带到遥远的故乡。我出生在吴家胡同，这是一个广义的胡同，东西贯通一条竖线，这是我的记忆起始站。在没有搬迁之前，每一个年，它都让我记忆犹新，下面，我们从这里讲起。

沉重的脚步声越来越远，看着爸爸远去的背影，似乎与这茫茫雪海融为一片。随即而来的，砰！砰！砰！我飞快地跑过去，看到爸爸从烟囱里敲打出的灰，散落在这雪地，是那么的格格不入。年关将至，给屋里打扫卫生，通烟囱，往往放到第一步。因为住平房，烧的是煤炭炉子，一冬天的沉淀，浓烟在烟囱里留下厚厚的一层。爸爸对我说，年前把烟囱通一通，以后的日子会更红火。

大红灯笼挂起来，一片喜气洋洋。大年三十这天，家人们早早起床，妈妈熬浆糊，爸爸挂起灯笼，而我和姐姐呢，负责贴对联。分工明确，这些工作须在上午的光景就要做好。宋代的大丞相王安石写得好：“千门万户曈曈日，总把新桃换旧符。”向来我和姐姐负责这项工作。似乎多年前我在把“旧符”换作“新桃”的过程中，悟出了这一点。如今，那片废墟，高楼林立，鸟语花香。

天一层层暗淡了下来，迎来的是万紫千红一片。家家户户挂起了大灯笼，我站在灯笼下面，想起了陈氏这个家族。在中国传统仁义学中，出现了几个很显眼的词汇，“百犬同牢”“义门陈氏”。这个家族自唐中期迁居江州德安县，在这里延续十九代，跨越三百多个春秋，都没有分家。宋太宗曾说：“萃居三千口人间第一，合爨五百年天下无双。”后来因为人口太多，压力太大，不得不分家。皇帝御赐编号，包拯执行，把他们分到十六个省份、一百二十五个县。分家到了当地，他们做的第一件事很是让人震撼，家家在门口挂起灯笼，书“义门”，这就是义门陈氏精神。

天完全黑下来了，我手持灯笼，跟随大伯、爸爸及两位堂哥西行。每走几步就要烧纸磕头。走了大概五百米，请到祖先。折回来的路程，也要不断烧纸磕头。这是过年的传统，大年三十这天把家族里先祖，用这种方式，迎接回家。时隔多年，我想这大概是中华孝道的一种体现。我望着黑白照片的祖宗们，躬身祭拜。宗法精神在延续，血脉流淌着的是先人的凝望和嘱咐。

五更天的鞭炮声连成一片，烟花在天空中肆意飞舞。韭叶的香气已在沸腾的锅中弥漫开来。我记得，奶奶尚在时，我起床的第一件事就是要说“祝奶奶身体健康万事如意”，随即磕一个响头，这是我们家乡的拜年方式。说到这儿，我想起鲁迅先生在《朝花夕拾》中描写家里长工阿长的景象。“哥儿，你牢牢记住！”她极其郑重地说，“明天是正月初一，清早一睁开眼睛，第一句话就得对我说：‘阿妈，恭喜恭喜！’记得么？你要记着，这是一年的运气的事情。不许说别的话！说过之后，还得吃一点福橘。”

大年初一我和同辈的孩子们，去向长辈一一拜年。每年最高

兴的一刻，也是这时了。拿着一把压岁钱，嘴笑得拢不住，这就是孩子对年的情节。

这时的吴家胡同，是多么的繁华与热闹。拜年的人排成长队，男子们有一支，女子们有一支，不同辈分的人也有一支。这些队伍交织着，不管进谁家的门，进门先说过年好！在胡同里年长有辈分的老者，接受着晚辈后生的一次又一次的祝福。

今朝篇

时光荏苒，昔日的吴家胡同已不复存在。拆迁队的挖掘机将这个村庄的历史，一点点地掘走，只剩下这断壁残垣。我们都成了拆迁户，街坊邻里“流落”在县城四处，变成了房客。这一走，就是三年。但我实在是割舍不下，这是我生长的地方。有一年的大年三十上午，我来到我的故土，坐在一面坐西朝东的残垣上，凝望这一切。我仿佛看到，那大年三十夜幕降临时，人们步步拜请先祖的虔诚和那烟花绚丽亮满天空的华彩。风萧萧，随之波及的，是墙头上的一撮枯草，在沉浮。

一晃三年过去了，一个名叫香格里拉的小区在等待着我们。这是我们的新家，只是不胜之前的热情罢了，现在的街坊邻里大都是新的。

又是新春佳节，沉静多年的吴家胡同人，在这盛世欢腾的节日里，把心紧紧地连在一起。大年初一的清晨，还是那般气象。成群结队的人们挨家挨户地向长辈们拜年，我们是曾经的孩子，今朝的青年。压岁钱随记忆走远了，但还是以最真诚的拜年方式向长辈问好。岁月本如此，一眼千年，如流水般逝去的光阴。

新年是让人们走亲访友放松的节日。在我们县不一样，新春新气象,还有曲艺盛宴等待人们的光临,这个盛宴,竟有百年的传承。

胡集书会,顾名思义——以书会友,是兴起于惠民胡集并扎根于惠民胡集镇的一种曲艺集市盛会。胡集书会历史源远流长,元朝兴起,清初极盛,一直沿袭至今,已有八百余年的历史。胡集书会最早源于曲艺艺人的竞技、对垒,后来逐渐演变为以联谊为主自发性民间曲艺交流活动。直到今日,我们仍能聆听这听觉上的饕餮盛宴!

脚步踱着,那浑厚的唱腔越发贴近我的耳膜。放眼一看,人群熙熙攘攘,为这盛会添了几成热度。老人们寻一个落脚处,搬一个凳子。哐的一放,就坐那儿细细品着,伴着三弦声,还要跟着哼唱两句。那三弦声,就仿佛是这盛宴的灵魂,竟把民间的曲艺变换得如此从容而不失庄重。胡集书会上的曲艺种类和曲目繁多。曲艺种类大致有西河大鼓、梅花大鼓、京韵大鼓、河南大鼓、东路大鼓、河洛大鼓、渔鼓、单弦、山东快书、山东琴书等20余种。这就是说,没有你听不到的剧目。胡集书会旨在培养新人,那孩童身穿红长衫,居然说得绘声绘色,引来一片叫好声。1987年刘兰芳老师来胡集说书,人多到什么程度呢?人山人海,摩肩接踵。小时候没有网络,抱着小小的录音机,听刘兰芳老师说上一段《岳飞传》,那就是最大的满足了。那时候刘兰芳老师还很年轻,意气风发。刘兰芳老师来胡集说书的那一年,我妈妈才21岁。

胡集书会自正月十二到正月十六,天天上演不一样的精彩。这儿更是孩子们的福地,除说书唱戏的以外,还有变戏法的、玩荡子的、挑傀儡头子的、拉洋片的、耍猴的……孩子们睁大眼睛看着艺人吹大的糖人,拎着五彩缤纷的灯笼,望着红彤彤的糖葫芦,这无一不是孩子们的最爱。我想,等孩子们长大了,这曲艺盛宴依

在，儿时的记忆还是那鲜活的场景，便会有另一番感受。

伴着咿呀声腔，三弦的跳动，我渐行渐远。年是活的国宝，是中华儿女共同的信仰；年是爱的浓情，是海外游子共同的期盼。

年是心灵的归属，年是家乡的柔情，年也是对春的洗礼。

绿水青山

感受绿水青山的生态环境

2017 级法学专业　李以平

天　蓝

蓝天白云的美好环境，让每一天都充满了生机与活力。

清晨，窗外是明净的蓝天，微风轻轻地吹拂在窗上，随着这清风与凉意，我漫步于小路上。早上的空气格外清新，让人感到神清气爽，遥望天际，蓝天在白云的点缀中分外蔚蓝。

正午时分，阳光炽烈，晴空万里。站在路边，干净整洁的街道和郁郁葱葱的花草树木使我感受到几分凉意，这使我认识到人与自然和谐共生的重要性。有了一个好的生态环境，我们的生活会变得更加美好。

傍晚，在黄昏中，静静地感受“夕阳无限好，只是近黄昏”的诗情画意，晚霞的光彩映亮了远方的天空。

晚上，早早地吃过晚饭，坐在外面的长椅上，在安静的环境中看美丽的星空，或许简单就是一种快乐吧。尊重自然，保护环境，常见的蓝天也成了一种期盼，一种幸福。

地　绿

春夏之际，是花草树木生长的季节，在公园里，高大的树木苍翠挺拔，平展的草地随处可见，盛开的花朵在草丛中随风摇曳。远处那座小山，也映衬着这生机盎然的自然景象。我站在这青翠的树木之下，仔细观察着一片片树叶，发现每一片树叶都有它不同的特点，大小、形状各异，正是这些点点滴滴的花草树木的搭配，构成了一道亮丽的绿色风景线。漫步在绿水青山之中，感受到的不仅是风景秀丽、自然和谐的生态环境，更是我们每一个人对自然生态环境的呵护。

公园的另一边，是许许多多的灌木和草地，层层绿意，让人感到轻松和愉悦。在阳光的映照下，绿油油的草地熠熠生辉。沿着曲折的小路缓缓前行，空气湿润而清新，大大小小的石头沿着路边展开，形成错落有致的美丽风景。

走出公园，再往前走一段距离，就来到广阔的田野，开阔的风景让人心旷神怡。绿水青山的生态自然环境需要我们共同付出努力，以积极的态度尊重我们赖以生存的生态自然环境。

绿色发展，低碳发展，减少污染，保护环境，相信通过我们做出的努力，会促进和完善生态文明的不断发展。

水　清

“山不在高，有仙则名；水不在深，有龙则灵。”山清水秀的自然生态环境，往往是大多古代优秀诗文中所描写的题材。清澈的河水蜿蜒流过土地，流向远方。站在河边，你会发现，偶尔会有几只白鹭或飞过水面,或伫立在水中小的绿洲上,眺望着远方。水里游着许多不同种类的鱼和其他水生物,共同组成了丰富多彩的河流自然生态环境。河边种植着草丛和树木,使得这清澈的河流更加富有生命力和活力。许多人摆好了渔具,早早地就坐在微风清凉的河边,静静地垂钓着。在这宁静的氛围中,时间仿佛停止了一般。但是河水仍源源不断地从上游流来,从这青山旁缓缓流过,流向广阔的海洋。不远处的跨河大桥不仅很大地便利了我们的交通出行,也把这美丽的自然生态环境点缀得更加风景秀丽。夜间在桥上散步,看桥旁的绚丽多彩的灯光一闪一闪地亮着,让我感到绿水青山的自然环境更加美不胜收。毕竟水资源是自然资源中非常重要的组成部分,水资源的天然和优质对我们的日常生活有着非常重要的作用。为了避免水资源被污染,保护水源地的自然生态环境是落实生态环保理念的重要途径。同时也要不断提高处理污水的科学技术能力,争取在发展经济的同时兼顾自然生态环境的保护和发展,因为良好自然生态环境是人和社会持续发展的根本基础,努力形成节约资源和保护环境的空间格局和生活方式,需要我们共同用积极的态度和不懈的努力去实现。通过我们的努力,促进山清水秀的自然生态空间在保护中不断发展和完善。

美好家园

蓝天白云,宽阔的草地和不同种类的花草树木,清澈的缓缓前行的河水,每一项无不是自然生态环境健康发展的生动体现。我们美好的家园正是因我们为保护自然生态环境所做出的努力而变得越来越好。家乡的变化非常快,经济在发展中不断得到提升,生活质量也有了很大的提高,而我们的美好家园不仅需要经济的高

质量发展，也需要我们以持之以恒的努力来悉心保护。

为环境保护贡献自己的一分力

自然生态环境的有效保护，在我们的日常生活中广泛存在着。如果保护自然生态环境的同时污染环境的问题仍然在继续，那么保护自然生态环境的效果就会受到影响。所以，我们更要遵守保护自然生态环境的理念，减少生活中的污染，为绿水青山的美丽生态环境贡献自己的一分力。

生态环境的保护不仅要从理论上去理解，更要在生活实际中落实。保护风景秀丽的绿水青山，我们需要承担这一分保护环境的责任。尊重自然，保护自然生态系统，促进人与自然的和谐共生和共同发展。我们要努力实践绿色的发展方式和生活方式，像保护眼睛一样保护生态环境。

在生活细节中努力贯彻保护生态环境的理念，不乱丢垃圾，种植一些小的花草树木等，为生态环境和自然的持续健康发展贡献一分力量。

绿色中国，生生不息

2018 级网络与新媒体专业　钱　隆

绿水青山就是金山银山。

——题记

说到绿色，我们都会有一种清新的感觉，是那种青草的芳香，令人心旷神怡。那么扩大一个层面，绿色也代表着环保、节约。可以说这也是我们国家乃至世界发展的根基。

习总书记指出："我们既要绿水青山，也要金山银山。宁要绿水青山，不要金山银山，而且绿水青山就是金山银山。"这给了我很大启发。周虽旧邦，其命唯新，如今的中国已经以唯一的发展中国家的身份成为世界第二大经济体。近年来，随着全面深化改革的深入进行，我国的科技、军事、经济、教育等方面不断取得新成就，而且位居世界前列。

在促进国家发展的过程中，不可避免要有环境污染，蓝天白云消失不见，取而代之的是雾霾；绿水青山消失不见，取而代之的是荒芜之地；清新自然消失不见，取而代之的是污秽浑浊。我们为此付出了惨重代价，处处可见的白色污染、污水满地，也在另一方面体现出我国环保意识的缺失，这就要求我们把绿水青山当成我们的家来爱护，真正实现绿色中国。

令人欣慰的是，我们国家认识到环境问题的严重性，并调整了发展战略，将绿色发展、生态和谐上升为国家战略，采取了一系列治理措施，初步扭转了环境恶化的趋势。中共十九大重申绿色生态的重要性，要加快生态文明建设，实现中华民族永续发展的千年大计。

不忘初心，方得始终。不过很少有人知道下一句，那就是“初心易得，始终难守”。我们可以有保护环境人人有责的决心，冰冻三尺非一日之寒，环保不是一朝一夕的事情，只有政府、社会、人民共同努力，共同守住我们的初心，才能真正将绿色落到实处，将充满生命力量的种子在中国大地的每一个角落播种发芽。环境质量的提高也能为我国综合国力的进一步提高奠定基石。

良好的生态环境是最公平的公共产品，是最普惠的民生福祉。我们的地球村要的是和谐、绿色，而不是污染、破坏。地球不是我们人类的，我们只是地球的居民，我们无权改变，也不应该改变地球的面貌，这是我们最起码的道德。

我们不需要口号，我们需要的是自己的实际行动，把绿水青山当成自己的家，贯彻生态文明建设，愿我们的绿色中国，生生不息！

破坏环境，祸及千古，保护环境，功盖千秋。

——后记

绿水青山，万物共生

2017 级国际经济与贸易专业　李雪家

“爸爸，世界的颜色就是这样灰蒙蒙的吗？没有一点生机，感觉冷冰冰的。”孩子眨巴着小眼睛看着天空，仿佛原本在动画片里看到的一切美好幻想，都在这一瞬间被打破了。多年之后如果我们遇到了同样的问题，应如何圆这么一个天大的谎言？

人类距今已经在地球上生活了数百万年。从新石器时代的刀耕火种农业生产方式，森林植被、土壤结构遭到破坏，到工业革命时期，环境污染，生态系统面积锐减，再到如今由于现代化发展，人类疯狂地向大自然攫取资源。无论我们处于什么时期、什么状态，我们都在向自然界贪婪地索要着一切。

如果说新石器时代的环境破坏仅仅是出于生存的需要，那么工业革命后的时期，人类就是贪婪的小丑，无止境地吮吸着大自然的甘霖。

在《圣经》里，亚当与夏娃偷吃了伊甸园智慧之树的果实。智慧树在《圣经》里所代表的罪性之路，又可称为自然本性之路，是一条人类在属灵上脱离上帝、离开伊甸园，在自然世界以生存为基础，去追求自我实现，以自身智慧身负罪性的异化之路。多少年来，地球上最聪明的生物在做着貌似最聪明的事情，他们却没有发觉危机的到来，反而乐在其中。

19 世纪伦敦码头的工人曾经说：“泰晤士河里的每一滴清水

都包含着历史。”英国的泰晤士河被英国人民习惯性地称为“老父亲泰晤士”。它所流经的地方，都是英国文化精华的所在。然而好景不长，工业革命的光芒照耀英国，使其成了“世界工厂”，同时环境污染问题也接踵而至。由于工业废水与生活污水的任意排放，昔日的泰晤士河已经变成了一条混杂着各种液体的臭水沟。工业革命对于英国的现代化的确是一个里程碑式的贡献，然而它所忽视的发展过程中带来的环境成本问题，却是一个巨大的代价。这就像我们污染一杯水很容易一样，往里面撒些颜料、放点土，一杯清澈的水就会变得混浊。当我们再通过净化技术把这杯水净化干净时，可想而知，这个代价将是污染一杯水的多少倍。英国这种“先发展，后治理”的工业化发展模式给世界敲醒了警钟，值得我们思考。反思当代中国，在这个历史时期我们也同样遇到了环境问题。

习近平总书记屡次指出：“我们既要绿水青山，也要金山银山。宁要绿水青山，不要金山银山，而且绿水青山就是金山银山。”中国自 20 世纪 80 年代以来，GDP 增长速度始终保持在一个很高的水平。透过其经济发展的背后，我们也可以想象到自然生态环境所要承受的压力。土地荒漠化、水土流失、大气污染、森林破坏等一系列问题都处在风口浪尖上，亟须我们的解决。我记得高中时期，由于冬天空气流动性差，又是燃煤使用量的高峰阶段，经常出现环境污染指数爆表的情况。甚至因为此，我们不得已被迫停课，可见当时污染情况的严重程度，已经影响了社会的正常运行。近些年来，中国也慢慢意识到了环境问题的紧迫性与严重性，经济发展速度放缓，着力构建绿色经济发展模式。我们作为中华民族的一分子，理应在现代化建设的道路上扛起绿色发展的大旗，让经济更健康地发展。

生态环境问题，无论是现在还是未来都是全世界关注的焦点。地球不只是人类的家园，同时是万物共同的家园，人类不能因为一己私利而去疯狂地破坏生态环境、攫取自然资源。你听，那是北极熊的眼泪滴落的声音；你看，白鳍豚的生存空间在一点一点地被人类挤压……于是，海啸携带着万千海洋生物的悲鸣来了；于是，冰山层融化要淹没这陆海边界；于是，狂风呼啸，黄沙肆虐……如若我们不去善待自然，自然最终会无情地抛弃人类。

生态兴则文明兴，生态衰则文明衰。我们要为绿色发展向世界发出“铿锵之声”；我们要为子孙后代留下绿水青山。我们？我们！我们要捍卫这绿色家园！

若干年后，愿绿色还是希望与生机的代名词，希望草木青葱，希望河流潺潺，希望天空湛蓝……

“爸爸，大自然好美啊……愿世界永远如此。”

绿水青山就是金山银山

2016级法学专业　游志崇

生态兴则文明兴,生态衰则文明衰。在这紧迫的关头我们需要树立一种正确的生态理念:尊重自然,顺应自然,保护自然,只有这样才能让我们的国家走上一条绿色发展道路。

后知后觉,在城市的道路旁,霓虹彩灯替换了那参天大树,高楼大厦替换了那绿油油的草地,游泳池替换了那澄澈的小河,只剩下那几丝绿色几乎成了一种奢侈的享受。寻不见流光黛瓦,却见楼居耸立;寻不见绿野山川,却见波烟四起;寻不见流水潺潺,却见浊浪滚滚。

全面深化改革是中共十八届三中全会的精神,推进文明建设也是经济建设过程中最重要的目标,“绿水”和“青山”的结合既是经济建设成果的重要展示,也是财富可持续的重要因素,所以我们在保证经济发展的同时,亦要注重环境保护。一方面,良好的生态环境是自然对人民最大的造福,习近平总书记曾说,良好的生态环境是最公平的公共产品,是最普惠的人民福祉,所以,良好的生态环境是对人民最大的造福,我们要以谨慎的态度重视生态文明建设,克服困难险阻,秉持可持续发展理念,不忘初心,才可方得始终。另一方面,保护生态环境就是保护国力。我们只有尊重环境的发展规律,才能真正实现世间万物的平衡之道,只有克服生产力与环境之间的不协调,自身才能更好地生存,也为后世留有生存余地。

生态建设永不停歇。我们要立足于现状,根据现时需要解决生态建设中的种种难题,绝不可以轻言放弃,否则必将是绿水青山的流失,也是金山银山的流失。另外,我们还要实行最严格的生态环境保护制度,完善经济发展体系,建立相关的机制,为生态建设提供正确的导向,要始终把生态文明建设放在第一位。在生态建设方面,我们永不停歇。

绿水青山就是金山银山,希望处于社会中的每个人都秉持该理念,在发展和完善自身为经济建设发展做贡献的同时,亦为子孙后代留下最珍贵的财富——绿水青山。

绿水青山，我的家——郦邑内乡

2017 级法学专业　杨旭东

八百里伏牛山，郁郁葱葱；携秦岭之威势，挺进中原，虎踞龙盘，巍峨万千；湍河滔滔千里，碧波粼粼；汇白河之连绵，入注汉江，川流不息，浩浩汤汤。

我的家乡菊韵内乡，承伏牛威势，湍河滋润，孕育菊乡文化，造就大美内乡人，为中原文化增添独特风韵。可以说绿水青山是内乡灿烂文化的源泉，成就了它独特的生态美、人文美；在我们每一个菊乡人心中，绿水青山是我家。

山清——伏牛明珠，天曼珍宝

巍巍伏牛山连山，天曼明珠赐中原。宝天曼自然保护区位于家乡的北部，隋唐时被誉为“秋林胜境”、茂林修竹之地、桐漆之乡。这里地质资源丰厚，文化历史悠久，环境条件优越，千姿百态的自然景观，让人目不暇接。茫茫林海涛声，无数溪水河流，沟谷壑涧，飞瀑高悬，花鸟草虫，禽兽蝶竹，同生共荣，浑为一体，丰富多彩的物种资源交织在一起，构成了一幅独具一格的天然图画，成为我国中原地区一块带有神秘色彩的风景胜地。神奇的土地上，连绵重叠着近千座姿态各异的石峰，其势，如龙腾虎跃，似波涌云流，风光无限，磅礴壮观。一句“造化钟神秀，阴阳割昏晓”道尽其中韵味。

水秀——湍河哺育，丹江之滨

湍河发源于家乡的翼望山，自北向南，滔滔湍流二百多千米，汇入白河，奔往长江。湍河的水系支流遍布家乡全境，用她甘甜的琼浆，滋润着菊乡人民。小时候，在我的印象中母亲河是我和三五个小伙伴驾一叶扁舟，两三个脑袋趴在船尾，笑嘻嘻地看着水中映照的呆萌的自己；稚嫩的小手在水中不时地荡起涟漪，儿时的欢乐汇于湍河之上。随着生态文明建设的日益推进，湍河成为湿地保护区，两岸的松柏翠柳与灌木花丛交相辉映，近处水中藻荇交横，蛙声一片；远处波光粼粼，碧波荡漾。沙洲上白鹭栖息嬉戏，万物生机盎然。两岸绿荫小道，蜂蝶交辉，蟋蟀轻吟，不仅是小情侣恋爱的绝佳之地，也是两岸乡亲健身的理想之所。

丹江口水库位于家乡的西南方，水质甘甜清冽，是全国闻名的南水北调的中线渠首。在我的记忆里，它是家人外出游玩的理想地，也是盛产鱼虾之地，提起它都是满满的幸福感。

文渊——生态文明，绿色发展

俗话说："一方水土，养一方人。"得天独厚的地质环境，为我们留下了福泽万代的绿水青山。在我们菊乡人眼中，正如习近平总书记说的那样"绿水青山就是金山银山"。

自改革开放以后，家乡人民就积极申报自然保护区，进行动植物勘探，划定旅游区：一方面，通过旅游带动家乡的经济发展，让全国乃至世界了解家乡的自然之美；另一方面，为自然环境的保护寻求更多资源。

家乡一直在探索绿色产业发展模式,科学布局绿色工业格局,积极发展节能减排技术,开发新能源技术。对于高污染高耗能产业,引导其转型升级,并壮士断腕般清除部分落后企业。大力引进高新技术产业,科技产业园逐步落户家乡。积极推动互联网经济的发展,建立电商产业孵化园,因地制宜,带动家乡人民迈进全面小康。

亲昵棣州

2016 级音乐与表演专业　仝　昊

棣州古城墙篇

我于魁星阁，俯瞰棣州古城，遥想它的沧桑与璀璨。我瞬忆千年，忽见始皇帝仪仗浩荡，是为东游，“始皇常曰‘东南有天子气’，于是因东游以厌之”。明嘉靖《武定州志》载：“始皇东巡厌气，次舍于此，又名其地曰‘厌次’……”这就成了棣州最初的名字。

我环视厚重的城垒，它已变得脆弱，不堪负重。我触摸它的温度，竟感受到历史给予它的厚重，历经千年风化，依然屹立在我们面前，它就是棣州古城墙。

思绪飘落于北宋崇宁元年（1102），工部尚书牛保奉旨赶往棣州督修州城，“九年克绩”，一座固若金汤的历史文化名城落成，史称“神京锁钥”。嘉靖《武定州志》载：“城甃治砖表，周十二里，崇三仞有三尺，上阔丈余，基倍之。东、南、西、北门四，各三重……外门额各有石鋔青肃、明远、金景、靖安字。内门有楼，匾曰：春风、明远、景山、紫微。复浚濠潴水，水深三丈，阔五丈，有飞桥，又筑有护城堤，延袤三十余里，九年克绩。”

棣州城墙环城而建，外有护城河，起到战略防御的作用。九年悠悠，里面掺杂着多少劳动人民的血汗！就千年遗留的 36 个海子

及外护城河来看，所动土方难以估量，在当时生产力那么不发达的条件下，构筑一座如此磅礴的城墙，深感劳动人民的不易。

说到这里，我们特别感谢北宋国务重臣牛保先生，棣州古城城墙的气势宏伟，来自这位天才设计家的构想。他死后葬于城墙下西北角200米处，立碑“牛保冢”。每逢重大节日，人们都会去祭奠他，让他不再寂寞。而在我看来，其实他没有死，他的生命依偎着城墙延续。城墙上郁郁葱葱的树木，牛保有可能化成了其中的一棵，永久地驻扎在这儿，凝视棣州的沧海桑田，吸吮日月的精华！

在城墙竣工后的12年后，一场国难席卷而来！靖康之难后，南宋朝廷建立政权偏于江南。北方此时一片混乱，山东境内各地官员或降或抗，更有甚者拥兵自重！棣州知州姜刚奋力抵抗金兵，有着坚固的城墙，金兀术率领部队久攻不下便撤围东去。至今，在惠城以南的辛店乡遍布李家寨、闻家寨……“三寨十八营”便是防御金兵席卷重来，宋军所驻扎营地的遗址。

棣州人民以豪迈的英姿，打响了山东军民抵御金兵的第一炮，大大震撼了民族气节，也向敌军展示了棣州新城的坚不可摧！

随后的几百年时间里，各个朝代都对棣州古城有所修葺。自崇宁元年始建至最后一次修葺，历经百年岁月的变迁，棣州古城成为一座厚重的文化古城，肩负起“鲁北首邑”“京津门户”“神京锁钥”的政治、军事重任。

如今的棣州古城墙，只有西北角、东北角两处尚有遗迹，更显得越发珍贵。如今在县政府的主持下，两处建成了湿地公园，更好地保护了城墙。隔河遥望城墙景色，它是惠民的一张名片。每每走近它，凝望着它历史年轮的痕迹，越发亲切。它犹如一位老者，在向我们青年人娓娓道来，诉说千年来的炮火侵蚀与民族的罹难！

我看望它，向它道别时，竟有些依恋不舍。我想，哪天我亦白发苍苍时，在夕阳的照耀下，要与这位健谈的老者在茶色中谈古论今。

武定府署篇

棣州古城的城中心为十字街，是全城地势最高之处。北宋大中祥符时于十字街以北建立州衙，明永乐年间为避讳朱棣名字，改棣州为乐安州，并设汉王朱高煦的蕃府。后发生汉王叛乱，宣德初废除汉王府改为州衙。清雍正时升州为府，府衙不变。

如今府衙已被县文化部门复原，可以让后人一览王府的风范。大门东西两侧各立有牌坊，匾额分别是“棣州首邑”“渤海雄封”，尽显棣州的雄伟，翻阅《明史》，我们来看武定府署中那些历史的过往。

“岑畔犹疑帐殿存，白云一片吐氤氲。林容乍闪龙旗动，石气深藏虎旅屯。似挹沧波翻陆海，忽飞霞彩射朝暾。重岗叠嶂觇形势，锁钥千秋壮北门。”这首诗是清光绪年间时任惠民知县沈世铨先生的一首七言诗，描述了在乐安州发生的一场皇室之乱，而这场叛乱的主人公就是汉王朱高煦。

研读《明史》，燕王朱棣以“清君侧”为由发动“靖难之役”。4年攻破南京，登基称帝，年号“永乐”。在这场战役中，燕王的次子朱高煦屡立战功，深受燕王喜爱并曾暗示将其立为太子。但后来却以“嫡长承统，万世正法”为由，立长子朱高炽为太子，次子朱高煦只得汉王，自此埋下祸根。

朱棣北征蒙古于归途驾崩，太子朱高炽继承皇位十个月后猝死。朱高炽长子朱瞻基继位，朱高煦欲效父亲夺侄儿皇位，招兵买马，于汉王府中面南而坐，称孤道寡，蠢蠢欲动。这时永乐大臣李浚在家守孝，家于乐安州内。汉王曾派王斌游说李浚归附，不巧李浚为宣德忠臣，赴京告发，引来一场皇帝御驾亲征乐安州的历史战役。

经过与大臣商议，命郑王朱瞻涘、襄王朱瞻墡于京师守护，武阳侯薛禄和清平伯吴成为先锋，宣德帝朱瞻基亲率大军发兵乐安州。

此时汉王府内，朱高煦听闻皇帝御驾亲征，不由得紧张焦躁，也可以看出他没有他的父亲朱棣当年那般魄力。这时宣德帝顾及朱高煦是他的亲叔叔，派人送去书信："现在大军压境，你只要交出怂恿谋反之人，可免去你的过失，恩惠礼遇像过去一样。如不听劝戒，一经交战你必将被擒。"这时汉王朱高煦孤注一掷，充耳不闻。事情的进展如预期丝毫不差，宣德帝率大军 8 月 20 日抵达乐安州，驻跸城北，随即大炮攻城，炮声如雷，城中叛军早已寝食难安。朱高煦自知抗御不过，当天夜里把通谋的书信全部烧毁。21 日天微亮，宣宗亲率的后续大军赶到。朱高煦一夜熟思，欲出城归降，遭王斌等人劝阻。说到这，我们这位汉王还是灰溜溜地走后门抄小路出城归降认罪。当然，宣宗信守承诺赦免乐安城守军之罪，命阳武侯薛禄和兵部尚书张本镇抚乐安州，并下诏书改乐安州为武定州，意为武力平定之意。8 月 24 日宣宗率大军押解朱高煦班师回朝。

归京后，宣宗将朱高煦父子废为庶人，关押在皇城西安门内，名曰"逍遥宫"。朱瞻基亲自把平息朱高煦叛乱一事编写成《东征记》，昭示群臣。逆党王斌等人伏诛，同谋伏诛者 640 余人，因故意放纵和藏匿反贼而被处死或戍边的计 1500 余人，发配到边远地区的计 720 人。

后来，宣宗去探视朱高煦，却被朱高煦故意绊倒。宣宗大怒，命人用300斤重的铜缸将朱高煦扣住。朱高煦勇武有力,竟将大缸顶起乱撞。宣宗又命人在铜缸周围点燃木炭,把朱高煦活活炙死在铜缸内。朱高煦的几个儿子也全都被杀,此次叛乱算是画上一个句号。

这是汉王朱高煦最终的下场,如今我们在武定府署内,常常看到根据历史故事而雕塑的人物,既可以窥见汉王府的雍容华贵,也可以看到汉王于铜缸的火烧之痛。

泰山行宫篇

泰山行宫,在惠民城内有三处遗址,其两座已荡然无存,只留省屯村泰山行宫,我随着刘宏泉先生的脚步,一步步走进泰山行宫的前世传奇,而守护人就是刘宏泉老师。

泰山行宫属于大规模的道教建筑群,供奉着泰山奶奶(东岳泰山天仙玉女碧霞元君),道教认为碧霞元君有"庇佑众生,灵应九州"的功力。泰山行宫总建筑规模有三殿两廊一戏楼。三座大殿平行于一条中轴线,前大殿于20世纪60年代被拆除,后大殿于20世纪70年代初被拆除。两廊坊分为东西两处,西廊坊有大量壁画,内容大多为抑恶扬善;东廊坊为生活区。戏楼于1927年被省屯小学校长陈硒恩拆除,建起教室,传播教育。在戏楼上曾有一块匾额——"响遏行云",字为李之芳所书,原句出自《列子·汤问》——"声振林木,响遏行云"。

在武定州城内有三块著名的匾额。李之芳所书"响遏行云"为其中的一块。另外两块分别是严嵩和赵孟頫所书,严嵩所书的一块"太和元气"挂于文庙前,另一块是赵孟頫所书"三学资福禅寺"。可见,三块匾额的墨香,足以晕染武定州。

关于泰山行宫建筑年代，刘宏泉老人推断为清初，论据有三：一是，民国时期，泰山行宫尚有碑文，落款为顺治四年（1648），遗憾的是，为抵抗洪灾，原碑于20世纪50年代初被运送至白龙湾地区建造险滩。二是，根据宿儒先生（20世纪三四十年代省屯小学校长）回忆，碑文落款确为顺治四年。三是，中间大殿两侧浮雕向我们透露铁的证据，浮雕内容为黄包袱挂于树枝上，映衬闯王李自成进城前夕，崇祯皇帝吊死景山。所以可以肯定的是泰山行宫的建筑时间为顺治四年。

泰山行宫的艺术价值是高古的，其屋顶上五脊六兽是中国宫殿式建筑，有上脊五条，四角各有兽头六枚。五脊，指大脊（正脊）及四条垂脊。正脊两端有龙吻，又叫吞兽。四条垂脊排列着五个蹲兽，统称“五脊六兽”。这是镇脊之神兽，有吉祥、美观和保护建筑三重功能。古代中国建筑为木结构，以兽镇脊，避火消灾，于两坡瓦垅交汇点，以吞兽严密封固，防止雨水渗漏，既有装饰美，又有护脊之实效。五个蹲兽分别是狻猊、斗牛、獬豸、凤、狎鱼。大气中透露着威严。令人遗憾的是，屋顶上的五脊六兽于“文革”时期被毁，如今我们看到的复原泰山行宫，已不是原来的风貌。

中国有三大殿，第一当属北京故宫的太和殿，第二为岱庙的天贶殿，第三为曲阜的大成殿。但综述以上三大殿屋顶虽有琉璃瓦顶，但两壁均没有浮雕纹饰，而泰山行宫的独特艺术价值在于两壁有丰富的壁画，有《鲤鱼跳龙门》《二龙戏珠》《赵匡胤卖华山》……刘宏泉老人说到这里露出孩子般的笑容。

刘宏泉先生大力研究泰山行宫古建筑文化，有许多论述著作被县文化局收藏，戊戌年（2018）正月十五，怀揣着后生对历史遗迹的仰慕之情，我只身前往省屯拜访刘宏泉先生。当我跟随刘宏泉先生推开泰山行宫的大门时，映入眼帘的是大块的浮雕，“五光徘徊,十色陆离”。

听着老先生讲解,我把目光投向大殿两侧的对联,上书“负阴抱阳为天道,积德行善是人本”。这是新年刘宏泉先生给予泰山行宫的新衣,他抚摸着门联,露出久违的笑容。他与泰山行宫就如相识多年的老友,宏泉先生的皱纹里写满了泰山行宫的历史变迁。临别时,我深深地向刘宏泉先生鞠了一躬,不仅表达着我对历史文化守护人的尊重,还向泰山行宫表达着迟来的问候。

清雍正十二年(1734),励精图治的雍正皇帝,显然是发现武定州能够发挥更大作用,决定升武定州为武定府。武定府成立,府置附郭,遂置县,名“惠民”,编户九十八里。“惠民”县名一直沿用到今天。

与棣州亲昵,我嗅着花香,仰望古城墙,三合土的温度,足以暖热惠民人的赤子情怀。泰山行宫的守护人刘宏泉先生,守护着的是一种信念,一份执着,更是一种使命,历史不会忘记他。

再次回眸棣州,脑海中涌现着一行字符,厌次、棣州、乐安州、武定州、惠民县。其实不管哪一个称号,在我心里都是故乡的原风景。我坐在赶往学校的车上,与家乡渐行渐远,就如同没了根基的河流上的浮萍。当我写下这些文字时,棣州的面容逐渐在我脑海中清晰了起来,我高声歌唱,把这礼赞,献给我心中的挚爱——棣州。

山清水秀，我的家乡三门峡

2016级应用心理专业　卫彦辰

我们美丽的三门峡，山清水秀，鸟语花香，蓝天白云常相伴，空气清新让人羡！在三门峡这座山清水秀的城市里，不仅有被誉为“绿色氧吧”的森林公园，还有峰峦叠嶂的峡谷……这些充满诗情画意的景观，赋予了三门峡梦幻而诗意的色彩。下面就让我们一起领略三门峡的湖光山色，感受她的独特魅力吧。

卢氏堪称三门峡的后花园，那里山清水秀风景如画。驰名的花儿有梅花、樱桃花、杜鹃等。每年4月底，五里川、狮子坪等地山上盛开着各种颜色的杜鹃，娇艳欲滴令人陶醉。杜鹃，她朴实，没有牡丹的富贵；她清新，没有荷花的娇贵；她平常，没有菊花的金贵；她普通，没有梅花的稀贵；她盛开时像燃烧的火，象征着纯洁的爱情和诚挚的友谊。人们默默地观赏着杜鹃，那遒劲的枝干，铭刻着杜鹃一路走来的风雨；那墨绿的叶片，渗透了杜鹃饱经霜雪的苦难；那柔美的花瓣，演奏了她辛酸旅程成功的乐章。杜鹃的每一次怒放，都显示出生命的奇迹。我喜欢你，杜鹃，我爱你。

山美，水美，景色美。三门峡属于丘陵地带，有许许多多的山水美景：卢氏的玉皇顶森林公园，渑池县的黄河丹峡景区，陕县的甘山森林公园，灵宝的亚武山景区及燕子山景区，三门峡市区的天鹅湖景区、黄河公园等。我家就住在天鹅湖景区边上。我经常和爸爸妈妈去景区玩，那里的景色真美啊！春夏的天鹅湖景区到处是绿意葱茏，翠色欲滴，各色的花儿争先绽放，鸟儿在树枝间愉快地唱着歌，真像一幅只用绿色渲染不用墨线勾勒的风景画。每年10月份都有数以万计的白天鹅，从遥远的西伯利亚经过长途迁徙，到此栖息越冬，成千上万只白天鹅自由自在地飞翔，或安详优雅地结伴嬉戏，或温情脉脉地交颈摩挲，或悠闲自得地以嘴梳理羽毛，或颈扎水中，翩翩跳起"芭蕾舞"。这些圣洁的仙鸟，或飞，或游，或走，或卧，千姿百态，构成一幅幅动人的画面。三门峡由此被誉为"天鹅之城"。

豫西大峡谷像一条由西向东延展的飘带，狭长而深邃的峡谷河流滩多水急，由大大小小99级瀑布及300多个潭池组成。每当汛期来临，潭上飞珠溅玉，雾气腾腾，声响如雷，气势磅礴；风和日丽时节，瀑布则如白练悬空娇美绝伦。漫步风景区，只见青山如黛，幽谷叠翠，银练飞泻，野花丛生，宛如一幅山水画卷。

顺着河堤路走过去，沿河绵延数公里的带状公园内，各种树木、绿地、模纹、亭台、水景、雕塑……移步换景，美不胜收，成为市区一道亮丽的风景线。经过"整容"后的青龙涧河，开始在世人面前大绽芳颜：涧河南岸的涧河公园，如今绿柳依河、花草夹道，成为一道赏心悦目的绿色风景线；涧河北岸，建设了梅、桃、杏、樱四大主题公园，形成常年有新绿、四季有花现的新景观。如今的涧河，湖光山色，垂柳护岸，夜莺鸣啭，每日都有成群结队的游人徜徉其间，尤其在夏夜，两岸彩灯高悬，河畔笑谈天，柔灯映笑脸。

我的家乡虽然不大，但是这里景色宜人，山清水秀，物产丰富。我爱我的家乡——三门峡！

守住每一片绿水青山

2017 级金融学专业　王铭未

2013 年,是郑州经济超高速发展的一年。郊区的工厂越来越多,满载货物的大车一辆接一辆地呼啸而过,城市边缘的烟囱如雨后春笋般拔地而起。2013 年,也是郑州人刚刚有了“恐霾”意识的一年。医院呼吸科的门诊前排起了长队,大街小巷的人们戴上了口罩,只露出两只警觉的眼睛和深深皱起的眉毛。公园里,社区内,晨练的人们开始担心清晨雾霾的危害,高楼中的人们从窗户向外望去仿佛身处云端……郑州,这座被冠上“新一线”名号的城市,谁又记得它曾有个名字叫“绿城”呢?

一直以来,“为人民服务”是党坚定不移的宗旨。生态文明发展和经济发展从来不是对立的,既要守住绿水青山,也要建造金山银山。我们要通过调整不合理的产业结构、资源利用方式、能源结构、空间布局等,来实现经济社会发展与生态环境保护双赢。如果没有良好的生活环境,没有健康的身体,即使经济再富裕,人们也不会幸福。所以,我们必须明白,生态文明建设优先于经济建设。宁要绿水青山,不要金山银山。换一个思路,保护生态环境就是保护生产力,改善生态环境就是发展生产力。好的生态环境也是一种重要的“生态资本”。其实,绿水青山也是金山银山。

如今,几年过去了,人们不再谈霾色变。许多烟囱不再冒出滚滚黑烟,城市也有了林木园、植物园,还有绿博园……老歌里“巷子里飘满煤炉的味道”早已不复存在，郑州也多了许多蓝天。桐柏路上的法国梧桐依旧挺拔，童年时的玩伴金水河也早早地开始改造。我很庆幸我的家乡政府重视生态建设，为郑州织起了一层过滤网，种起了大片的树木，让母亲河越变越好。

但是，作为一个中国人，我为祖国包罗万象的景观自豪着，却又为数不胜数治理不善的景点担忧着。昔日的“天空之镜”，中国青海茶卡盐湖遍布垃圾，没有镜头的地方是黑黢黢的溶洞，看起来触目惊心。更有人为了博取关注，恶意破坏需要百年才可复原的宝贵的七彩丹霞地貌。每每看到这种新闻，都会引起我的反思——有关部门是否监管到位？国民环保意识是否依旧低下？作为一个无比珍视生活环境的中国人，我衷心希望有关部门加大对生态环境保护制度的监管力度，并在此呼吁所有人爱惜我们的生活环境，守住每一片绿水青山，共同建设美丽中国！

泰山行

2017 级工商管理专业　朱子青

记忆里有这样一句台词:“如果你不出去走走,你会以为眼前就是世界。”

有“五岳独尊,雄镇天下”之美誉的泰山,不仅是华夏文化的一个缩影,又是“天人合一”思想的寄托之地。千百年来,不仅吸引着赫赫帝王盛典登封,更有历代名人竞相留迹,四海游客朝拜如云。

满怀对大山大河的憧憬与景仰,我们一行四人哼着“我曾经跨过山和大海,也穿过人山人海”,坐火车又转公交一往无前来到泰山脚下的红门,抬头仰望,“造化钟神秀,阴阳割昏晓”这样的诗句在此时与我们显得格外亲密。放眼望去,那笼罩在晨雾里的泰山,宛如一位仙子,好似那么朦胧与羞涩,静静地等待着我们去顶礼膜拜,又好似那么性感与魅惑,引诱着我们,使我们无法停止脚步。

从最初的斗志满满,到如今的精疲力竭。开始暗自后悔为什么没有坐大巴,中天门怎竟如此遥远。俗话说“行百里者半九十”,我们咬牙坚持,不敢有丝毫倦怠,汗流浃背导致大量缺水,终于在我们四人背的四壶水已几乎见底时,恍惚看到了前方的中天门。

中天门位于泰山山腰,仙子之纤纤细腰自是妙不可言,其常年笼罩在浓绿之中。虽正是盛夏,可此处却凉风习习,一扫先前围绕身边的蒸炉之气。在此处上山可以选择步行,也可乘坐缆车。俗话说得好,“泰山不让土壤,故能成其大”,既然是来此瞻仰泰山仙子,自是要学习她的品质,即使累得再走一步都是艰难,我们也坚持要徒步上到山顶,唯有此才能感受张养浩所叙的“风云一举到天关,快意平生有此观”。

夏日的泰山佳境天成,气候瞬息万变,天空突而飘起了毛毛细雨,转瞬间又变成倾盆大雨,风卷着雨声、溪声、瀑声,浑然一体,如同奏乐,为我们缓解疲乏,增添斗志。男朋友给我撑着雨伞,好朋友在身旁鼓舞激励,心中给自己再打打气,重新开始迈动沉重的双腿。也许是雨,又或许是身边人的缘故,心境与方才的暴躁倒是大不相同,颇有一种“泰山新雨后,天气凉如秋”的意境。

“十八盘”完美诠释了峰回路转为何意,回首仰望,越发感觉到泰山的巍峨、沉浑、峻秀、雄奇。

行至南天门,便由“地狱人间”踏入“天庭仙界”了。回首俯视,“十八盘”天梯高悬,乱云飞渡,那种“会当凌绝顶,一览众山小”的感觉呼之欲出。穿过南天门,在天街上漫步,山风浮动,衣袂飘飞,行进间,那山中骤然升起一层烟波,突发疑问“荡胸生层云”究竟是指山胸还是心胸。南天门之称号果然是名副其实,这里可不就是仙境吗?回想起儿时幻想自己是仙女,好像也不是那么遥不可及。随后游览了金碧辉煌的碧霞祠,便继续朝着玉皇顶进发。

等到历代摩崖石刻前,历代文人雅士吟咏赞叹的场景仿佛出现在我的面前,抚摸着那些字体,仿佛触摸到历代先贤们跳动的脉搏,不由产生一股怀古之情。继续前行,游览了日观峰,发现最高峰玉皇顶正在眼前,几近崩溃的体能使我们不得不休息片刻才得以继续前行,在小腿肚子的颤抖下,我们站上山顶,举目四望,群山起伏,令人感受到“登泰山而小天下”之气势,这眼中的万千山水,

便是祖国的大好河山。正如王世贞写道:“天门倒泻银河水,日观翻悬碧海留。”这次初登泰山,留下的不仅仅是那历历在目的秀丽美景,更多的是对自己的历练。人生的道路比泰山的路要长得多,认真地向上攀爬,又何妨看不到四周的美景呢?

无言山河

2018 级国际经济与贸易专业　张瑞雯

往昔，人们安于一隅，傍水而居，男耕女织，春种秋收；如今，人们不再囿于视野极限，踏热土而望四海，寻山峰而游万水，与陶渊明“托体同山阿？”异曲同工。

余秋雨曾释“读万卷书，行万里路”的关系：“没有两者。路，就是书。从学术上说就是文本文化走向了生态文化。”借此假期，涉足一二细细感受这无言山河的庇护与濡养。

那是一座两千多年的水利工程，细细渗透、节节延伸的都江堰时至今日仍执掌亿万人生计，纵使地震摧残少许，稍作维护后仍未成为西风残照下的废墟，而是尽其所能地将旱涝无常的川地喂养滋润成为天府之国。

于江边礁石上感受急流浩荡，大地震颤，股股叠叠的水似被赋予极强生命力般迸发、向前，踊跃着，咆哮着，怒吼着，让人心魄俱夺。“深海滩，低作堰。遇弯截角，逢正抽心。”凝集的是李冰治水的韬略，汇聚的是无言的河山。

上揽苍山，下环洱海；望青天，临风前。坐拥山水，百感交集，当真正融水于天，徜徉徘徊不前，痴痴凝望那抹红日缓起轻落。

实属三生有幸，成为山河之子，得以无限眷恋这潺潺绿水、嶙峋山石，人类文明因它们的存在而富饶，华夏千年历史因它们的承载而源远流长不曾停歇。

纵山河无言,却无时无刻不散发自然与文化交融后的缕缕绵延情意,淡情袭人,终塑祖国这方净土家园。

许十三

2017级金融学专业　李知起

许十三从小就生活在山西,祖祖辈辈也都生活在这里。

老人们都说,山西不是个好地方,没有能发财的好方法,祖祖辈辈靠着贫瘠的土地上长出的一点儿粮食过活。

许十三小的时候,是个皮孩子,趁大人不注意,就跑到汾河边上。去河里光着腚游会儿狗刨,游累了就上岸。河边有水凤仙、胡枝子、野豌豆,蓝得发紫的小蝴蝶从树上像叶子一样垂直飘下来。还有蟋蟀、蚂蚱、青蛙。吃的也多,青玉米秆用小刀劈开,嚼里面的甜汁,像甘蔗一样。许十三和小伙伴们能嘻嘻哈哈玩闹一下午。闹完了,被各自的大人捉回家,晚上抬头看星星。这是许十三印象里的故乡与童年。

许十三眼里的汾河,有时候还可以发光,阳光一照,就像在村口村长家电视里动画片上的一样。

许十三长大了,不能再去小河边玩了,他得上小学了。

上小学的许十三是个勤奋好学的孩子,每天天不亮就催着奶奶送他到学校去。绕过高高矮矮的墙,抬头是满天遥远的星星。因为起得太早了,许十三到了学校总要瞌睡一会儿,读着读着就会趴在桌子上睡着了。

那时候的山西,虽然不那么山清水秀,但是在小小的许十三的眼里,一切都快乐极了。

在许十三小学毕业的时候，他隐隐约约觉着什么东西变了，但自己潜意识里又说不出到底是什么变了，只知道，镇上卖的一角钱一大把的糖果少了，邻居的大叔大伯们买了很多摩托车，每天“呼呼”地从许十三家门前经过，威风极了。

自己印象里特别喜欢的那条小河不知道什么时候也变得难看了。以前夏天的时候，风一吹，有股自然的腥味，许十三知道，这是鱼身上的味道；但是这时候的许十三闻见的气味，好像不仅仅是鱼的腥气了，有点难闻，有点辣鼻子。

许十三不知道这是什么味道，只能当这种味道飘过来的时候自己赶紧跑开。

镇上的姐姐阿姨们造型好像也好看了起来，这个烫个头，那个染个色，许十三从来没觉得自己镇上有这么多好看的阿姨。

就这样，他上着自己的学，山西的小镇上也在悄悄地改变着。

到了初二，许十三学了化学，化学老师是许十三喜欢的老师，许十三总觉得化学老师像范仲淹写的“先天下之忧而忧，后天下之乐而乐”的那种世外高人。

化学老师给许十三和同学们讲污染，讲治理，讲危害，最后讲到了山西：“同学们，你们现在眼前的汾河和你们小时候的汾河还是一条河吗？是的，当然是的，但又不是。”老师自问自答，又问：“同学们，你们去河边的时候，能闻到一种味道吗？”

同学们接：“能！是臭的！”

化学老师开始在黑板上写：硫化氢。

下课了，化学老师夹着教案本，带着身上独特的悲伤气质走了。

许十三追上老师：“老师，咱这镇上，为啥这么难闻？”

老师看着比自己低不了多少的许十三：“我们要致富，要开煤矿，要有钱，煤矿里的东西往哪儿排？只能排到汾河里。所以，你闻到的气味就是刚才咱们在课堂上讲到的硫化氢的味道，是不是很臭，像臭鸡蛋？”

许十三点点头：“那不能不排吗？”

老师盯着许十三头顶看：“想就能，不想就不能。”说完就走了。

许十三听得一愣，没怎么听懂。

接下来的两年，情况更是变本加厉。许十三懂得也多了，他一到周末，就去汾河边上走走。

许十三看见的汾河，不是自己小时候那条熟悉的河，上面浮着五彩斑斓的油污，风也吹不动。许十三不知道是不是自己的错觉。他觉得，汾河里的水好像变少了，是自己长大了衬得水少了，还是河里的水确实变少了？他也糊涂。

上高中，许十三开始厌恶起自己的乡镇。不，也许不能叫作乡镇，家家户户都因为煤厂而有一份不少的收入，都在买车建房，大街小巷都在发展，也许，是时候称为城镇了。

许十三想：自己的汾河跑哪儿去了？

许十三上高二的时候，老师给他们讲大学，讲大城市，讲外国的环境治理，许十三听的时候，眼睛都在放光。

时间太久了，他已经忘了青山绿水是什么样了。许十三只知道现在的天是灰色的，放学如果走路回家，到家以后自己的校服、帽子里都是煤砟子。

许十三上高三的时候，做梦都想离开这个地方，离开山西，去一个生活环境好的地方，因为自己周围的人很多都有病。这种病是看不好的，肺癌、肝癌，还有其他癌，许十三每每听自己爸妈讲起哪个邻居又得了什么病，自己的手就一抖，好像也预料到自己得了病似的。

许十三想逃。

不只逃，许十三还想回来，他想把山西的汾河找回来。

高考以后，许十三去了西安上大学。

大学一晃就过去了。

许十三在大学里也是个成绩优异的学生。毕业以后顺利保研，又顺利读博，一路顺风顺水。博士毕业以后，自主创业，又干了几年，手下也攒了一些人脉，就像一个成功的老板一样。

人越长越大，想的事好像也越来越少。

刚入大学的许十三满脑子想的都是自己的汾河，都是自己的山西；读研的时候，许十三觉得自己有点忘了为什么有时候要想起汾河；读博的时候，许十三对全国报道的雾霾已经习以为常：不就是在室外的时候带个口罩嘛！

自己创了业，许十三大学学的是化学，创业开了一家小化工厂。娶妻，生子。

许十三的孩子小名叫许多多，也是一个捣蛋的男孩。许十三只有面对多多的时候，会偶尔想起自己童年的知了和青玉米秆，心情好了就给多多讲讲自己小的时候是怎么下河摸鱼的。

许多多长大了一点。

许十三带着妻儿回老家了。

一路上路很不好走，坑坑洼洼的，许十三坐在驾驶座上，觉得自己怎么也掌握不好方向盘，感觉车像飘在空中一样。

村里各条路上全是煤砟子，路边庄稼地都被焦油染硬了，寸草不生。天像个烧了很长时间的锅一样盖在城市上空。一眼望去，不是灰，不是黑，是焦黄色。

许十三一路上都不说话，也不在意，只是沉默。车上只有多多兴奋地喊叫。

许十三心里清楚，山西在这几年的轻工业产值占经济总量的比例从将近百分之四十下滑到百分之六。焦化厂、钢厂、铁厂等因煤而建，洗煤厂就建在汾河岸上。

他想着，不知怎地就来到了汾河边上。但是他感觉自己眼前看的东西都是雾蒙蒙的，怎么使劲也看不清。

汾河差不多断流了，只有一点儿水，味儿也挺大。两岸还有些蒿草，鸟只有麻雀了。河边常看到黑乎乎的火烬里一些皮毛角爪，是人烤着吃的。一块一块稠黑泥浆结成板状，还粘着一层厚厚的纸浆。河滩上的枣树上长满病菌一样的白点子，已经不结枣了。

回乡后，许十三看着眼前的汾河和周围老邻居的景象。心里的石板有一点点翘开了。

许十三回到城里就关了厂。妻子埋怨他："怎么能关了效益那么好的厂子！"协调无果，妻子回了娘家。

许十三不说话，不辩解，闷声搞自己手头上的事。要么就陪多多玩一会儿，要么就一声不吭地闷在书房里。

过了几年，国家整顿山西污染。彻查污染来源，该罚款的罚款，该卸职的卸职。

这边许十三因为提前关了厂，响应国家号召，自己花钱处理自己小镇上的污染，被老家当地政府表扬，给了他文明标兵的名号。上电视，采访，邻居见了许十三都要问候一声。

妻子这时候回来了。

许十三感觉自己像做梦一样。眼前的一切都看不大真切。他好像又看见了河床上漂着的五颜六色的油污，焦化厂的废水直接排进来，纸厂的大水泥管子就在汾河边儿喝着，排着冒白沫子的黄水。

有人从焦化厂下了班，在汾河边上走，走累了想休息一会儿，睡过去，死了。

突然，许十三猛地睁大眼。

许十三醒了。

云台风情

2016 级应用心理学专业　王津谊

云台之景远近闻名，绿水青山，心旷神怡；云台风情别样多姿，四季各异，古今聚此。

家与云台比邻，我体验过冬季山间银装素裹，晶莹剔透的冰凌悬于峭壁之上；感受过夏日绿树成荫，银河般的瀑布，凉爽的泉水，着实是一个消暑圣地；见识过秋时山间随处可见累累硕果，伸手摘取便是酸甜的山枣，与归根落叶相称尽显别样的热闹景象。唯独没见过春日云台之景。

大一的一个周六，刚起床便又昏昏欲睡的我突然想起云台山正好有个女生免门票的活动，与其在宿舍蹉跎时光，倒不如来一场说走就走的旅行。吾思所到，行之所到也。订车票，定住处，做攻略，一气呵成。

随着自己的安排，晌午时分便到达了这熟悉而又陌生的地方。下车立于山脚之下，阖目细细感受，三月的山间不似宿舍般暖如晚春，蒙蒙山色，微微细雨，丝丝东风夹杂着股股凉意；也正是这凉风吹得人一哆嗦，丝毫没有了慵懒的困意。

背上背包按着规划一路向山里走去，漫步初春的红石峡，看不见似锦的繁花、葱郁的树木，铁红色的岩壁只是干枯枯的枝杈和凌寒开放的梅花，远远望去，山头似朵朵祥云浮动，美不胜收；这残枯败落与昂扬新生碰撞出的别样的美好，着实让从未初春时节游过

山林的我震惊。

嬉戏潭瀑峡间，体验小九寨之风情，侧耳倾听泉水叮咚，虽不是雨季，但潭瀑峡的泉水依旧欢快流淌。用手轻触流动的泉水，流水冰凉却不刺骨，让人不禁瑟缩，却又忍不住生出再次触碰的欲望。漫步水边，东风湿凉，让人不自觉地裹紧了小棉袄，却又不愿放下这勾人的美景。潭瀑峡间“三步一泉、五步一瀑、十步一潭”，各具特色，各有春秋。我最喜欢的便是那如私语恋人般的“情人瀑”之上的“丫”字泉，在此之处若你运气好，便有眼福瞧见云台一绝“水舞太极”。“阴阳平衡，以柔克刚”，焦作是太极拳的重要发源地之一，云台环境清幽，空气清新，极适合修身养性，更是太极练拳之佳境。太极拳缓慢却不失劲道，似水，轻柔却不软弱。泉水相映，别有一番惊人感受。

天生坐不住的我，喜欢游玩于山水之间，拜访过不少山林河川，但总觉得其不比云台景盛。五岳之山高耸雄浑，九寨之水缤纷秀丽，青城之景底蕴浓厚。而云台，山水相依，水山绕伴向世人呈现出不一般的奇秀之景，是汉献帝的避暑台和陵基，也是“竹林七贤”的隐居之地；茱萸峰高耸挺拔，子房湖青翠无际，不仅是古今帝王将相、百家名流偏爱的驻足之所，更是高僧名道垂爱之处，是中国儒、释、道景观并存的宗教名山；是中国宝贵的“绿色宝藏”，更是我的家乡，我们的骄傲。

附：

云台游景

远眺山高云台现，近听水声丫字泉。
碧水苍山船行间，寿石之后不老泉。
云台风情景无限，言语怎能尽详见。
唯有身处山水间，方得绮丽美景现。

硕果嘉实

品味经典电影　乐享文学意境

——漂流书屋观影活动

2017 级工商管理专业　杨玉良

2018 年 3 月 16 日,国际学院读书会于图书馆六楼的漂流阅览室成功举办了新学期第一次观影活动。此次放映的是岩井俊二导演的日本电影《情书》。电影放映开始之前,漂流中心干事李小雨介绍了这部电影,使同学们了解了该电影的背景知识和基本剧情。简单地介绍完毕,关掉漂流书屋的灯,电影画面和音乐立刻吸引了大家的注意力。

这部电影讲述了一封原本出于哀思而寄往天国的情书,却大出意料收到同名同姓的回信,并且逐渐挖掘出一段深埋多年却始终沉静的纯真单恋的爱情故事。

对着荧屏的光亮,照片无法记录下观影同学们认真专注的双眸显现着怎样的光彩,而不同于好莱坞商业大片的感官冲击,这样一部纯爱的文艺影片,能够为之深深吸引、驻足的,想必是这么一批情感细腻、爱书、爱生活的同学们了。

是淡淡紫罗兰色的心情与记忆,浇灌给心灵的一斛温暖的汤粥,抑或是拨动心弦的一曲悠扬的乐音,是影片的风格,也超乎风格。

意犹未尽也好,心满意足亦罢,本次活动取得了圆满的成功,

没有喧闹的活动氛围，而是给人以平和、安适之感。这正是读书会所期待、向往的一种氛围。

我们相信，国际学院读书会将会为大家呈现更多更好的活动，为营造国际学院良好的读书氛围做出贡献！

读书会郑开马拉松志愿者活动记录

读书会文宣部

2018 年 3 月 25 日，中国郑开国际马拉松赛开赛。国际学院读书会也组成了一支二十人上下的志愿者队伍参与其中。国际性的重要赛事，工作量之大、准备时间之长自是不必说的。志愿者们在午夜零时便已集合，奔向目的地。

读书会志愿者们的第一项工作便是从流水线处搬运、分装食物饮水等物资，而这项开始于风高子夜的工作一直持续到了早晨七点太阳慵懒地出现在东方的时候。

郑开马拉松比赛设有男子、女子马拉松(42.195 千米)，男子、女子半程马拉松(21.0975 千米)，情侣马拉松(5 千米)，亲子马拉松(5 千米)，迷你马拉松(5 千米)等多种竞赛项目，读书会的小队伍被最终分配到的任务点是半程马拉松的终点补给站。

志愿者服务的过程，是辛苦的过程，也是期待的过程。在半天的比赛过程中，有一些选手给志愿者们留下了深刻印象。

传　递

这次马拉松赛参与者甚广，有七十岁的老人，有年龄还是个位数的孩子，也有全家三代人一起参加的情况。无关乎奖牌与比赛名次，这是运动精神的传递，全民运动，贵在参与。

坚 持

半程马拉松赛的完赛时间是上午11:30前后,在那之后已是来者寥落,但仍有为数不少明知无法在规定时间内完赛但还在坚持跑完全程的人。在他们之中,令志愿者小队最为震撼的是一位女性选手,在12:40左右她稍显艰难地到达了终点,在那之前,跟随车辆的工作人员劝她放弃比赛不要硬撑着,而她最终选择了坚持到底、不放弃,不折不扣地抵达了终点。这便是超越,便是胜利。

温 度

人言“患难见真情”,让志愿者小队印象深刻的是一位中年男性选手。比赛后期,大部分选手陆续完赛,补给站的水供应有些吃紧。志愿者们照旧进行着工作,但是这位选手喝了一杯志愿者们准备好的水之后,把自己的水递给志愿者们,说:“这瓶水是还给你们的,后期剩水不多了吧,留着你们后面供水更充足一点。”

…………

赛场中展现并挥洒的不仅是喘嘘,更有人性中美好的片段在永恒中回荡。

此次志愿者服务活动,并非人们事先想象中那般轻松,但志愿者们却没有人抱怨辛苦,大家充满斗志,都希望任务多一些,甚至出现“内部哄抢工作”,“男生以要体现‘绅士风度’为由抢女生活干”的友爱场景。这既是为选手、为主办方分忧,也是自我价值的彰显和实现。这一刻,即便是马斯洛望着五层金字塔的顶端,也会露出欣慰的笑容。

此次志愿者活动不仅增强了读书会内部成员的凝聚力，同时也培养了会员的社会责任感。相信这对于他们在日后的学习、生活与工作中都会带来帮助。

“精品读书进校园”活动举办成功

读书会文宣部

2018年4月16日17:30，在图书馆二楼，由郑州大学南校区主办，国际学院读书会协办的为期一天的“精品图书进校园”暨现场选书活动圆满结束。

活动展出了化学工业出版社等二十余家出版社的新书8 000余册，以供师生选择。

我校师生可以现场推荐、挑选所需要的图书，图书馆也将集中选购“中标”书目。

开展精品图书走进校园活动满足了读者的科研和学习需求，为培养大学生良好的阅读习惯产生了积极意义。希望通过活动的展开可以帮助大学生们养成人人读书的良好习惯，让图书成为生活的必需品，读书成为同学们日常生活不可或缺的一部分。读书活动对推动更多的人去阅读和写作产生了积极效应，使更多的人爱上读书。在接受中外文化的熏陶、陶冶性情、丰富人文精神、培养文化人格提高素养的同时，还促进校风、学风以及文明校园的建设，为整个校园营造一种读书的气氛。

阅读经典文化，建设书香校园。希望我校师生都能享受阅读乐趣，使校园书香气更浓。

“图书馆那些事儿”活动举办成功

读书会文宣部

读书会于学习堂成功举办“图书馆那些事儿”活动。主讲人马越老师是郑州大学图书馆的副馆长、副研究馆员，在图书馆的管理与运用方面有很高的造诣。

活动首先是给寒假征文活动中的获奖同学颁奖，整个过程井然有序，同学很高兴，早春的果实成熟了；老师很欣慰，未来的树苗成长了。

然后进入分享会的主题部分——马越老师向我们展示图书馆的正确打开方式。

马老师带我们观赏了美国国会图书馆、德国修道院图书馆等，让我们感受到了图书馆所承载的历史文化与岁月沉淀。马老师话锋一转，又回到了郑州大学的图书馆，夜景中的图书馆虽没有世界名馆那么恢宏大气，但却具有大学生的朝气与活力。继而，老师又极其详细地介绍了借图书和检索图书的方法，从老式借书法到电子借书法，从馆内设施到馆外延展，从平时自习到课余活动，无一遗漏。

此次分享会的重点，是老师教授我们如何使用数据库。大一的同学大多对数据库不太了解，这也是老师给大家介绍这些知识的必要性所在。老师讲，写论文的依据与文献并不是单单百度百科就可以解决的。我们需要从专业的数据库中寻找，百度百科上

的内容、文献，必须找到原文后才能使用，否则，不具备参考价值。这才是专业素养。

不仅如此，论文的选题要有创新和针对性。锁定所研究领域的重点范围是论文可获得关注的捷径，而这离不开三大数据库的帮忙——SCI，ISTP 和 EI。这三个数据库各有特长，相辅相成。

除了论文，马老师还给我们讲述了出国深造需要哪些数据库，工科、理科需要哪些数据库，如何利用数据库检索信息，如何让自己的论文得到认可，等等。

最后，马老师呼吁大家要热爱图书馆，热爱读书，以书为友，以书为伴，也让郑州大学图书馆越来越好。

此次分享会，使我们受益良多。不但学到了使用图书馆的正确方式，还了解了写论文的各种小窍门，为我们以后的科研之路奠定了基础。

书韵流觞

漂流阅览室与漂流书

读书会漂流中心

国际学院读书会自2017年开始征集图书并进行漂书活动，并建成了一间属于大家的漂流阅览室（图书馆六楼）。

一、阅览室

开放时间为每周一至周五19:00—21:00，周六8:00—18:00。阅览室提供良好的读书环境，夏天热了，我们装好了空调；冬天冷了，我们打开了暖气。透亮又静谧的书屋，准备好一切，只为你的到来。在阅览室不仅可以阅读及借阅，还可以正常地学习，这里也是读书会举办常规活动的场所，如“果园书话”“西窗夜话”等，还会有小型观影活动。

阅览室借阅规则如下：

1. 目前，我们阅览室的漂流书主要有百科、教辅、杂志等类，其中百科及教辅类只有投漂者才可以借阅，借阅时需要找值班人员登记。杂志类所有读者都可自行借阅。

2. 借阅时，不同类别可同时借阅，每人每次可借三本，借阅限期为三个月。

3. 借阅漂流书的书友应尊重投漂人的付出，建议大家借阅时可根据上面的联系方式向投漂人发一条感谢短信，以达到以书会友之目的。

4. 请大家爱护图书,保持图书的清洁,并按时归还图书。

5. 在漂书的过程中,如不慎丢失图书,请购买相同出版社出版的同一图书归还阅览室,或者与投漂者协调处理相关事宜。

二、漂流书投漂时间、地点

时间:周一至周五 19:00—21:00　周六 8:00—18:00

地点:漂流阅览室(图书馆六楼)

漂流知多少

读书会漂流中心

人说红颜多倾城，我言书香醉天荒。从来没有什么能够敌得过书籍的恒久，即使沧海桑田，地老天荒。

古有鱼传尺素，今有漂流图书。漂流只为你，书到缘未了。当图书遇见漂流，又会与哪一缕书香邂逅？

在这搁浅的时光里，果园书香正浓，漂流与你邂逅。

1. 漂流书是什么？

漂流书就是我们征集大家平时闲置的书，将其放到漂流阅览室，我们会贴上标签，放置书架，供大家借阅，这个过程就叫作投漂。

2. “投漂”是“捐书”吗？

投漂不是捐书，我们规定三个月的期限，漂书期限一到，即可自行取回，也可永久放置。

3. 漂书会丢吗？

不会的！我们会编号贴标签，放置在我们的漂流书屋，借阅有详细的记录（书名及出版社、借阅者姓名及其联系电话以及借阅时间），所以不会轻易丢失。

4. 漂流书都有哪些分类？

百科类、教辅类、杂志类。

5. 如何借阅？

只有漂过图书的人才可借阅，借阅时间即漂流阅览室开放时间（周一到周五 19:00—21:00，周六 8:00—18:00），每次最多借三本，期限为三个月。

附　录

特别鸣谢

郑州大学国际学院图书馆

郑州大学读书会国际学院分会

社团指导老师:赵艳娟　赵　强

特 约 嘉 宾:(按姓氏笔画排序)

元成方　刘玉怀　刘亚楠　刘宗志　刘晓娜

杨靖敏　张　旭　张海涛　罗家湘　赵凤萍

读书会成员:(按姓氏笔画排序)

丁兆钰　于靖靖　王叶蓁　王宇欣　王禹骁

王铭未　韦煜锦　曲　合　朱子青　刘　璞

刘君怡　芦泽华　李华珍　李雨航　李雪家

杨玉良　杨金豆　张恒莱　张翌琳　陈翔宇

赵文琪　高菁华　郭红岑　郭佳栋　康钰晶

靳家欣

郑州大学国际学院

国际学院是郑州大学专门负责中外合作办学及其教学、管理、服务与研究的综合性学院。学院成立以来,在学校的正确领导与大力支持下,全院师生团结拼搏,实现了学院的快速发展,合作办学范围逐步扩大,层次与水平不断提升,优势与特色日益彰显,已成为郑州大学国际交流与合作的重要窗口,在国内享有较高声誉和知名度。

学院坚持“创新办学模式、强化内涵建设、凝练办学特色”的发展思路和国际化办学理念,通过引进国外优质教育资源,提升郑州大学教育国际化水平,助推学校世界一流大学建设,为河南省区域性社会、经济、文化发展提供国际化人才和智力支持。学院与美国、法国、日本、澳大利亚、波兰、白俄罗斯、俄罗斯、马来西亚等 8 个国家 20 所大学建立了实质性合作关系。学院开设 8 个中外合作本科教育项目和 10 个中外合作办学项目,共有在校生 7 500 余人。学院结合国际化办学特色和专业发展方向,开设 ACCA 方向班、中美金融国际实验班、中俄法学国际实验班和中德卓越工程师班。

学院坚持以学生为本,以质量立院,以创新求发展,以培养社会急需的各类高端国际化人才为根本宗旨和目标。根据国际合作地区和学科专业分类,学院下设空港经济学院、中俄文化艺术学院、国际工程师学院,管理郑州大学出国留学培训中心和郑州大学跨境教育研究中心。

空港经济学院是国际学院与蒙纳士大学商学院等联合举办，旨在为郑州航空港综合经济实验区培养高端国际化人才。空港经济学院开设金融学、会计学、经济学、经济统计学、工商管理、金融数学、国际经济与贸易 7 个专业。其中，中外合作办学本科教育项目 1 个：与波兰罗兹大学合作举办的经济学专业。中外合作办学课程合作项目 6 个：与澳大利亚蒙纳士大学合作举办的金融学、会计学、经济统计学、工商管理、金融数学、国际经济与贸易专业等。

中俄文化艺术学院是利用郑州大学作为中俄文化艺术高校联盟创始成员之优势，与俄罗斯、白俄罗斯高校合作建设的文化艺术学院，旨在为国家“一带一路”倡议实施培养兼具中俄（白俄）文化背景的国际化人才。中俄文化艺术学院开设音乐表演、应用心理学、法学、视觉传达设计、网络与新媒体 5 个专业。其中，中外合作办学本科教育项目 2 个：与白俄罗斯国立音乐学院合作举办音乐表演专业，与波兰华沙大学合作举办应用心理学专业；中外本科课程合作项目 3 个：与澳大利亚蒙纳士大学合作举办法学、视觉传达设计、网络与新媒体专业等。

国际工程师学院旨在培养具有国际影响力和竞争力的工程科技领域国际化精英工程师和其他人才。学院开设计算机科学与技术、电子信息工程、通信工程、材料科学与工程、机械工程、土木工程、护理学、数学与应用数学 8 个专业。其中，中外合作办学本科教育项目 6 个：与澳大利亚伍伦贡大学合作举办计算机科学与技术、电子信息工程、通信工程专业，与日本长冈技术科学大学合作举办材料科学与工程专业，与美国威斯康星斯托特分校合作举办机械工程专业，与美国威斯康星普拉特维尔分校合作举办土木工程专业。中外本科课程合作项目 2 个：与澳大利亚蒙纳士大学合

作举办的护理学、数学与应用数学专业等。

郑州大学出国留学培训中心是郑州大学根据出国留学教育工作需要，于2008年成立的专业化出国留学培训服务机构。中心开设有雅思、托福和俄语、韩语、西班牙语等小语种培训课程，举办国际本科硕士预备课程项目，为出国学生提供优质的留学服务。

郑州大学跨境教育研究中心是郑州大学设立的科研机构和河南省教育厅跨境教育的智库，旨在积极探索跨境教育规律、模式、政策和法律，为国家和社会提供更多具有全局性、前瞻性的研究成果，为国家和河南省的跨境教育提供有力的理论服务、智力支持。

在学校建设世界一流大学的进程中，国际学院全体师生将认真贯彻落实党的十九大精神，以新作为开启新征程，以新气象迈进新时代，继续秉持以学生利益和人才培养为本的原则，强化国际化办学特色，精心打造国际化育人平台，为建设中国特色、世界一流的国际学院而努力奋斗。

学院现分布于两个校区：郑州市大学北路75号郑州大学南校区和郑州市文化路97号郑州大学北校区（2018级工科专业学生）。

（注：以上资料截至2018年6月）